心一堂術數古籍珍本叢刊

書名：巒頭指迷（下）
系列：心一堂術數古籍珍本叢刊　堪輿類　第二輯　169
作者：【清】尹貞夫原著、【民國】何廷珊增訂、批注
主編、責任編輯：陳劍聰
心一堂術數古籍珍本叢刊編校小組：陳劍聰　素聞　梁松盛　鄒偉才　虛白盧主

出版：心一堂有限公司
通訊地址：香港九龍旺角彌敦道六一〇號荷李活商業中心十八樓〇五—〇六室
深港讀者服務中心‧中國深圳市羅湖區立新路六號羅湖商業大厦負一層〇〇八室
電話號碼：(852)67150840
網址：publish.sunyata.cc
電郵：sunyatabook@gmail.com
網店：http://book.sunyata.cc
淘寶店地址：https://shop210782774.taobao.com
微店地址：https://weidian.com/s/1212826297
臉書：https://www.facebook.com/sunyatabook
讀者論壇：http://bbs.sunyata.cc/

版次：二零一六年四月初版
平裝：兩冊不分售

定價：港幣　五百八十元正
　　　人民幣　五百八十元正
　　　新台幣　兩千六百八十元正

國際書號：ISBN 978-988-8317-17-2

香港發行：香港聯合書刊物流有限公司
地址：香港新界大埔汀麗路36號中華商務印刷大厦3樓
電話號碼：(852)2150-2100
傳真號碼：(852)2407-3062
電郵：info@suplogistics.com.hk

台灣發行：秀威資訊科技股份有限公司
地址：台灣台北市內湖區瑞光路七十六巷六十五號一樓
電話號碼：+886-2-2796-3638
傳真號碼：+886-2-2796-1377
網絡書店：www.bodbooks.com.tw
台灣國家書店讀者服務中心：
地址：台灣台北市中山區松江路二〇九號一樓
電話號碼：+886-2-2518-0207
傳真號碼：+886-2-2518-0778
網絡書店：http://www.govbooks.com.tw

中國大陸發行　零售：深圳心一堂文化傳播有限公司
深圳地址：深圳市羅湖區立新路六號羅湖商業大厦負一層〇〇八室
電話號碼：(86)0755-82224934

心一堂微店二維碼

心一堂淘寶店二維碼

巒頭指迷巽部

歷代諸仙師著

棗陽尹貞夫選

棗陽何廷珊玉册註解

樂亭溫紹先纘武匯輯

開原田毓珍聘卿編次

黑山王維新作民參訂

蓋平劉鳳岐興周贊修

楊公九星

貪狼吉曜如笋初生武曲尊星似月方滿巨門土形宛

奉天關東印書館排印

如廚櫃破軍火脚恰似展旗狗藪死窩文曲之陽生蛇活動文曲之陰頓鼓覆釜祿存之本體破傘鋸齒廉貞之眞形唐帽名爲左輔鋪氈原號弼星變穴歌曰貪狼作穴生乳頭變作巨門窩中求若變武曲釵鉗覓祿廉梳齒犁鏵頭文曲穴來坪裏作高處亦是掌心落破軍作穴似戈矛左右龍虎手皆收定有兩山來護衛不然一水橫過流輔星正穴燕窩仰若在高山掛燈樣落在低平似雞巢縱有圓頭亦窩象此從剝換尋龍穴尋得

龍眞穴自特

凡龍離祖出身第一星名曰應星與結穴之星相應為行龍之主行度中間之星名曰間星若與應星不同聳拔特異名曰變星而穴星又從變星出也三吉行龍必間四凶龍始能分牙布爪而有威勢四凶行龍必間三吉穴方得變化成胎而有融結此專論龍之傳變剝換則然也入斯道者尙其將撼龍經熟讀深思或可察識

廖公九星

鐘釜平面名太陽半月蛾眉號太陰金水圓曲如席帽紫氣瘦直笋初生平面天財原屬土兩金夾土凹腦名天罡金頭火脚雙腦一水兩金燥火犂頭竪孤曜覆杓形掃蕩水傾地星體俱發明歌曰九個星辰十一體妙用貞無比九十九變古今傳應驗自天然五百九十有五形吉凶最分明若熟玩此歌登山可以不迷

盖天財有凹腦雙腦九星故有十一體每體皆有九

變故曰九十九變所變者形象共五百九十有五第
變脚不變身也若參透一星九變其餘皆通此專論
結穴之星名爲巒頭夫巒以星言高大成峯者曰山
低小成星者曰巒頭以穴言人有頭面則有口星有
頭面則有穴朱子云尋地必先尋巒頭有了巒頭穴
可求是巒頭乃形勢家第一關節惟喜面平如人仰
坐則吉若陡峻壁立謂之拒屍大凶然猶有兼貼襯
三體兼者兩星合而成形如凹腦雙腦金水之類是

也貼者穴星面上微有方平之星如物上有貼也襯者穴星面上微有圓滿之星如衣內有襯也更佳出脉最要平欵倘露脊梗上貫頂下抵穴名懸針殺主遭刑戮巒頭若前高後低主出人忤逆再若巒頭貴後龍賤主庶生顯達但小地有形無勢而大地有勢無形臨至結穴止有陰陽動靜毫無星體平穩此大而化之則然也尤爲上格

木星類解

木星正體身直面平體瘦得東方寅甲卯乙之精氣而成形者也在五行屬木在八卦屬震職掌文書名爲貴人端正清秀貴而吉也偏斜粗惡賤而凶也一字平列者謂之倒地木卓立高聳者謂之冲天木在祖山名華蓋有五七個排列號一林春笋在行龍枝脚上名劍戟在龍身名貪狼如倒地直長名蘆鞭巒頭結穴名紫氣在穴前作案橫平者爲文星高懸者爲掛榜若五七個相連排列爲踏節在水口爲華表捍門凡行龍枝脚曰

梧桐杞梓楊柳等形皆以木立名也此星主出狀元神童名卿賢相之貴

金星類解

金星正體面平體圓得西方庚申辛酉之精氣而成形者也在五行屬金在八卦屬乾光淨者吉嵯峨者凶在祖山名寶蓋高大特出者名獻天金在龍身形如覆鐘者名武曲形如覆釜者名輔星在行龍枝脚上高大面飽者曰倉高大腦平者曰鼓低平小巧者曰印巒頭結

穴身高如日者名太陽身低如月者名太陰穴前作案高大者名大武低小者名蛾眉凡太陰太陽在龍身枝脚及穴前水口皆謂日月至貴

火星類解

火星正體上下俱尖得南方丙丁巳午之精氣而成形者也在五行屬火在八卦屬離象似戈矛性至凶躁名爲劫殺號爲紅旗頭尖身斜者爲燥火頭尖身高者爲廉貞又曰焰天火在祖山排列名鋸齒廉貞又曰龍樓

寶殿在行龍枝脚上曰鎗刀高大拖長脚者曰旌旗在穴前左右皆謂文筆此等俱貴至於結穴則凶難言矣

水星類解

水星正體面平身曲得北方亥壬子癸之精氣而成形者也在五行屬水在八卦屬坎性至漂流疊波湧浪號爲咸池在祖山名漲天水在案山名簾幕在龍身名文曲俱貴至於結穴名爲掃蕩則淫難言矣

土星類解

土星正體面平體方得中央戊己之精氣而成形居天
地之正位者也在五行屬土在八卦屬坤敦厚誠實號
爲鎭星方正平滿者貴缺陷偏跛者賤在祖山名冠蓋
高大聳峙者名湊天土在龍身名巨門在行龍枝脚上
大者爲庫小者爲廚櫃低平者爲印至巒頭結穴則謂
天財在穴之前後左右皆謂御屛身低微長者名講書
頭方角圓者名赦文若兩頭高圓中間凹平身腰橫長
作帳則謂仙橋作案則謂展誥先師相形取號因地別

名分龍穴之貴賤斷人間之禍福其以此夫

貪狼
巨門
祿存
文曲
廉貞
武曲
破軍
左輔
金
太陽
金
太陰
金水
木
紫炁

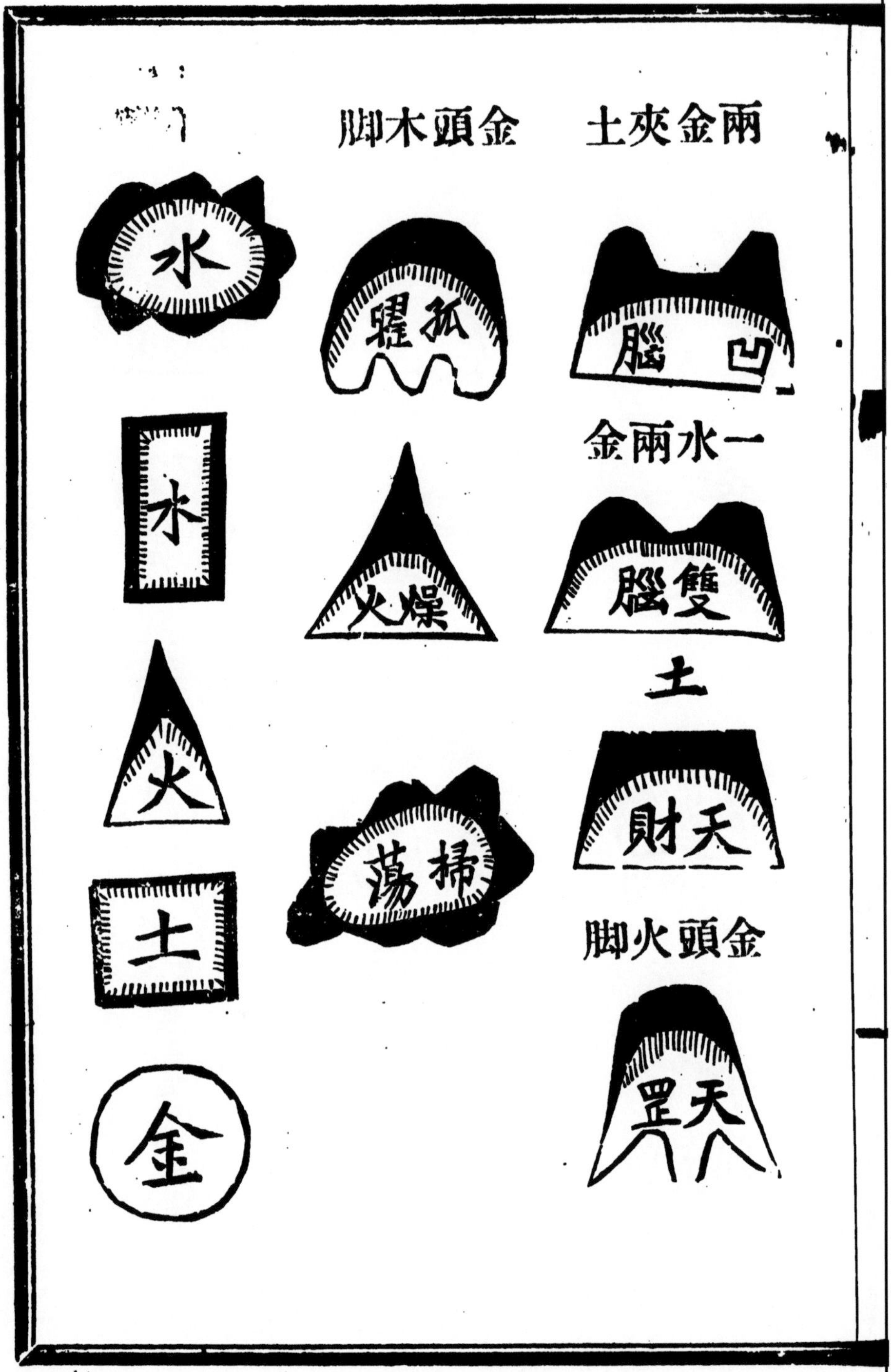
水
水
火
土
金
金頭木脚
孤曜
燥火
掃蕩
兩金夾土
凹腦
一水兩金
雙腦
土
天財
金頭火脚
天罡

正體太陽（本廖金精星格穴格斟酌損益）

太陽以象言金星也腦圓身高面平形如覆鐘有五體下脚圓者爲金曲者爲水方者爲土宜結藏殺穴尖者爲火直者爲木宜結壓殺穴必剪去直尖方是妙用外有雙攏燥雙攏蕩左右攏燥攏蕩謂之帶曜主有威權諸星正體俱依此推夫太陽乃人君之象宜光淨端莊忌破碎偏斜惟要砂水環抱最怕孤露受風面上宜生微茫窩靨分尺寸高低結穴爲佳此星得金氣成形龍

山屬庚申辛酉乾則形應而氣旺更貴金命人受蔭已酉丑年發達上格龍出公卿將相下格龍出司道守牧人丁繁衍文武雙全氣衰則生聾啞之人以下八變其龍脉生人發達年限俱同此斷

開口太陽

此星開口吐唇兩脚彎抱形如燕巢是也兩脚帶金木水火土相同者有五體爲正格兩脚帶金木水火土不同者共二十體爲變格必須口中圓淨穴內冲和上要

稜弦圓毬切忌淋頭下要氈唇兜起最忌漏槽淋頭則生氣不來漏槽則生氣不聚上格龍出台諫給事下格龍出司道守牧氣衰則生乞丐之人大凡開口星格俱依此論開井宜淺

懸乳太陽

此星開肩中生圓乳兩脚彎抱是也共八體乳成金木水火土者爲正格生兩乳者名雙星兩乳旁生兩歧名麒麟生三乳者名三台此三者爲變格務要圈中舒暢

奉天關東印書館排印

乳頭光圓穴上出殺穴下平坦正則是曲則非直硬尖削則凶一用剪裁則吉氣衰則生臂癩之人大凡懸乳星格俱依此論

弓脚太陽

此星開兩脚一長一短彎抱微乳是也共一體其脚一長一短者名先弓爲正格短脚直長脚彎者名紐會爲變格須要短脚嫩巧長脚逆水最忌脚高過目虎頭擎拳氣衰則生跛足之人大凡弓脚星格俱依此論

雙臂太陽

此星左右開兩砂外兩股長內兩股短彎抱微乳是也共三體內砂直者名夾勢尖者名挾及此二者爲正格有左單右雙右單左雙名疊指爲變格然圓長者須要互抱尖直者宜用剪裁其法方妙氣衰則生六指之人

大凡雙臂星格俱依此論

單股太陽

此星單出一脚斜抱微乳小口是也共四體脚圓爲盤

金曲爲轉水爲正格脚微抱者名𡺸提彎抱成案者名
蟠龍爲變格其單股最要逆水缺邊必須湊成方爲完
美氣衰則生跛足之人大凡單股星格俱依此論

側腦太陽

此星開肩側腦下生微乳結穴是也共二一體其脚邊長
邊短者名先弓爲正格短脚直長脚抱者名紐會爲變
格後要樂山高聳最忌枕空前宜明堂平坦須防傾瀉
氣衰則生偏頭之人大凡側腦星格俱依此論

沒骨太陽

此星開肩邊高邊低低肩凹內結穴是也共四體其脚一邊彎巧一邊粗頑者名搖拳一邊單一邊雙者名疊指爲正格腦下有乳粗大直硬長過於砂者名吐舌乳頭抱於左右者名張𦙶此星俱無融結爲變格其穴結在肩下後無主腦故曰沒骨主父沒生子者貴穴內惟以鼠肉爲憑穴後更以樂山爲據不然切勿妄下氣衰則生背駝之人大凡沒骨星格俱依此論

平面太陽

此星身圓面平中有凸凹形如金盆玉盤即大突是也高山之突名仰天祿高山之窩名仰天湖高山宜突中有窩平地宜窩中有突含造化之元氣力大功宏此格至貴必須端正光圓最忌破亂偏陂以龍虎緊夾護衛周密穴下平坦明堂融聚爲佳氣衰則生面麻之人大凡平面星格俱依此論

然猶有一等大地龍眞局完周匝詳審結穴的在此

處但結穴星體蓋頭鼓面成一頑金此天珍地秘不肯發洩特精氣內含以俟有德者居之也俗師不知作用每執有龍無穴之說常望望去之矣高明者必從鼓凸上或大開平面或鑿成窩鉗培土安葬决發厚福此開金取水之法也先師云金星不開口神仙難下手是說人難下手非敎人不下手也蓋恐龍局不眞第見一頑金便安下手誤人耳入斯道者盍破迷而恍然悟之哉試將太陽九變星格圖具於左

奉天關東印書館排印

正體

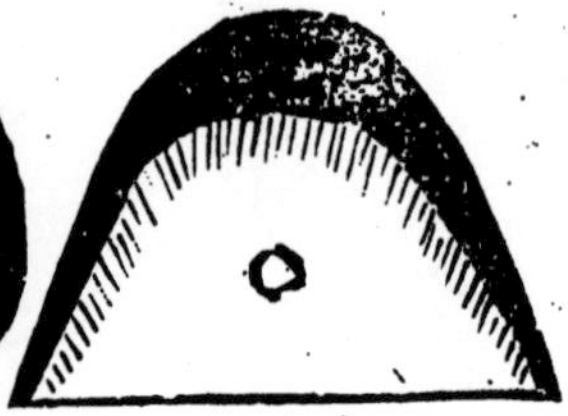

麒麟

內股直為夾勢

雙臂

內股尖爲挾刀

開口

三台

疊指

懸乳

先弓

單提

雙星

紐會

蟠龍

正體太陰

太陰以象言金星也腦圓身低體方面平形如半月蛾眉是也夫太陰乃后妃之象貴端正圓凈忌破碎偏斜宜生微茫窩曆分尺寸高低結穴爲佳若面上有直梗名懸針殺主婦女癆疾有數條水路名獻花兩脚反扯

奉天關東印書館排印

名掀裙主婦女淫亂其龍脉生人發達年限同正體太陽斷上格龍主男婚公主女入皇宮中格龍主出東宮官僚下格龍主出朝中佐貳氣衰則生聾瞎之人大凡太陰八變俱依此論

正體紫氣

紫氣以質言木星也腦圓身直面平體長形如頓笏玉笋是也出脚喜水火忌金木勢有立坐眠三體面上宜生節泡節泡下生微窩結穴爲佳若倒地直長有上中

下三停穴要皆有節泡方的以四應合法者爲正結惟
下停氣止水交案近堂聚發福最速蓋紫氣乃貴人之
象宜端正淸秀忌偏斜粗惡龍脉屬甲寅乙卯巽則形
應而氣旺上格龍出狀元神童將相公卿文章冠世才
略出奇下格龍主富貴淸高木命人受蔭亥卯未年發
達宜作火堆大凡紫氣八變俱同此斷
左格在麻城縣西萬人崖木星結天地人三穴九曲
水朝秀峯特立葬後出黃卷公官副憲曰㯼官州守

奉天關東印書館排印

日海宇解元福祉皆隆

三停穴格

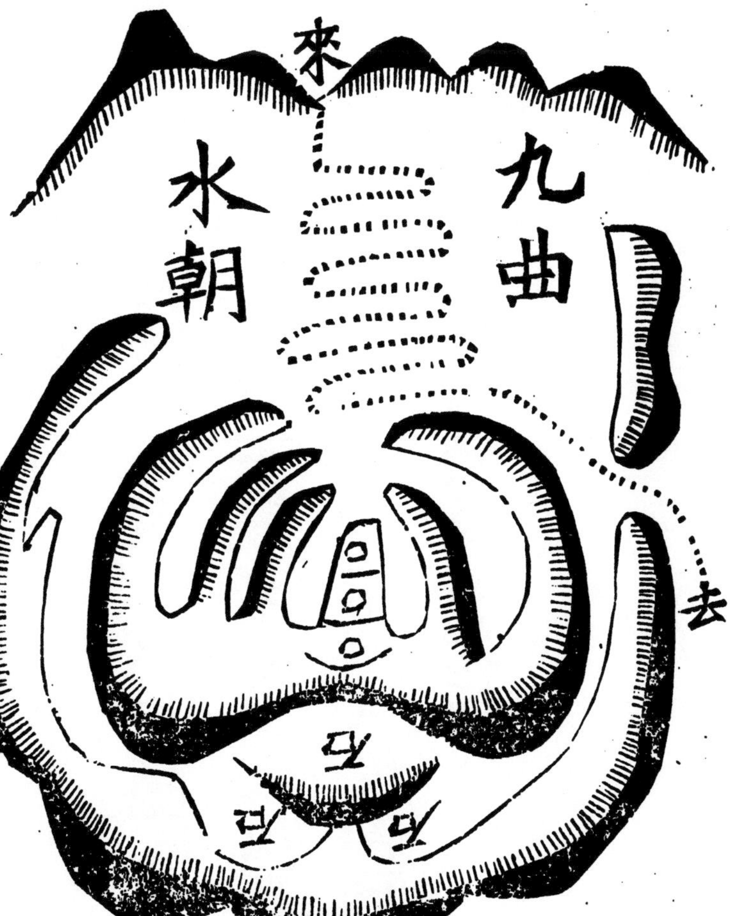

奉天關東印書館排印

正體金水

金水以質言腦圓肩曲身潤面平形似飛蛾席帽是也此巒頭第一吉星貴端正秀麗生微茫窩靨分尺寸高低結穴爲佳蓋金白水清主男女清貴龍山屬庚申辛酉壬子癸亥則氣旺而形應金水命人受蔭己酉丑申子辰年發達大凡金水八變俱同此斷

正體天財

天財以用言土星也頭面平身體方形如御屏廚櫃是

也其體宜短不宜長出脚宜火不宜木面上宜泡不宜
窩泡屬金則相生窩屬水則相尅若中無突泡當在兩
脚尋穴要有飧貼襯三體方的龍山屬艮坤辰戌丑未
則形應而氣旺土命人受蔭辰戌丑未年發達若大龍
面南結穴四應之星有木東金西火南水北遠近大小
相停名五星歸垣乃聖賢禁穴至尊極貴上格龍主出
漕運之官下格龍主出納粟成名且貴多珠玉富旺田
財大凡天財八變俱同此斷

五星歸桓格

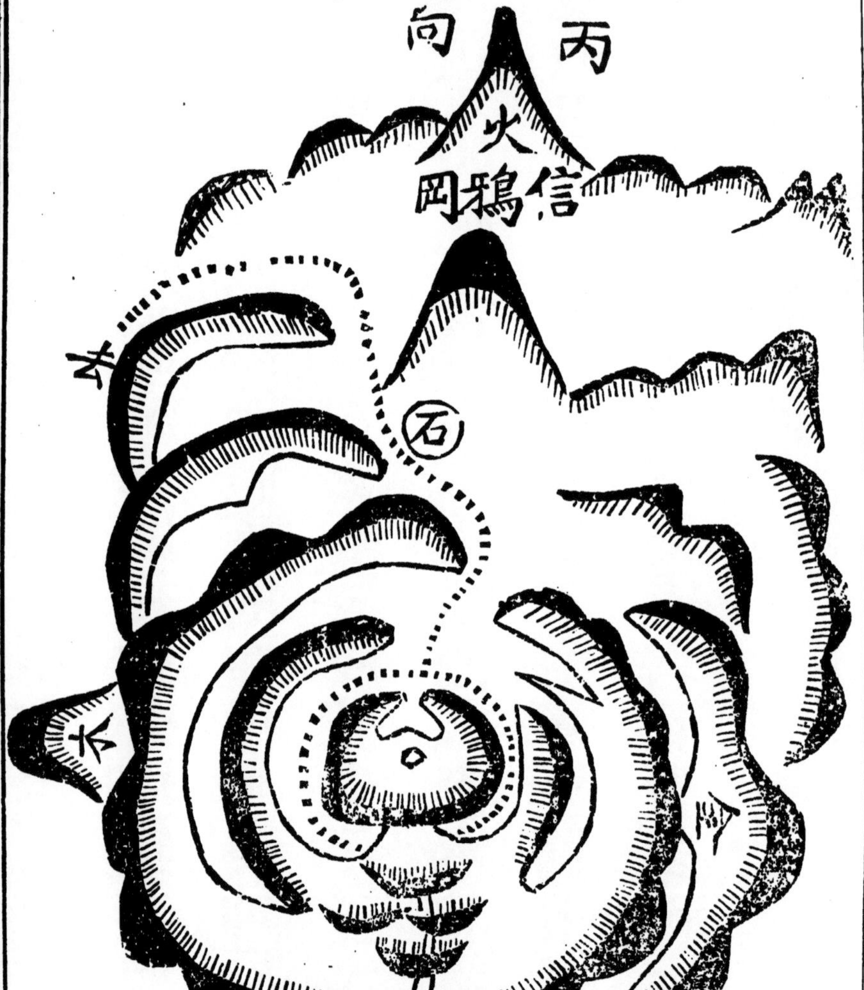

右格在婺源縣官坑嶺朱文公四世祖妣地也其龍來遠不及詳述比入局橫列水星雲錦大帳帳下數條微脉合氣入首結咽土星開窩吐乳結穴穴下平坦藏風聚氣兩旁拱衛羅列莫知萬仞之高元辰當面傾流七里許本身一掬橫攔不見水去此文公遷居建陽離鄉水之驗也近案特秀遠朝揷天水星帳北火星朝南木東金西二面夾照土星結穴居中則五星守垣至貴地也吳景鸞下記云官坑龍勢異穴高衆山聚坎離交媾

精筆峯天外起富不及陶朱貴不過五府當出一賢人
聰明如孔子又云金斗穴居梁朝案信鴉岡溪山環九
曲道學世流芳
相傳吳景鸞與其徒洪士良爲朱氏相地遊至官坑嶺
士良偶渴探泉飲之謂師曰泉水甚異必有大地師往
嘗之曰泉有翰墨香當產大賢及登山見此穴遂呀曰
秀鍾於此朱氏之福也特初代不利耳窆畢用巨石
壓封後果不利竟欲改扦掘至石壓而止亦幸矣哉

凹腦雙腦天財　平面形如（柿葉玉鬭）

歌曰凹腦雙腦天財同穴生乳突是眞踪樂山高聳腰宜短富貴綿綿永發榮前官不見後官星共說巒頭死又生一代爲官官必絕後來復有一官興夫凹腦天財其星兩頭高圓中間凹平雙腦天財其星兩頭高圓中間凹曲若兩頭一高一低名扳鞍天財面上宜生微凸背後要如仰瓦更要樂山高聳忌凹腰橫長若後無樂山或樂山低小謂前官不見後官星一二代明堂與穴

管事則二房先貴運行凹上無樂遮護則風吹氣散謂之䜌頭死主二房敗絕故曰一代爲官官必絕也運行過凹兩頭圓峯接氣謂之䜌頭復生龍從左來長房發貴龍從右來少房發貴故曰後來又有一官興也此二星屬乾坤艮兌庚辛壬子癸亥爲氣旺而形應主父子叔姪兄弟同榜雙妻雙子之應其餘八變俱同此斷

正體天罡

天罡以性言腦圓面飽脚尖開叉形似楓葉是也葢正

體金頭火脚上下交戰扞之生人心性凶毒屠戶宰殺主瘟火枉死徒配軍亡火命人受害寅午戌年見禍惟開口懸乳弓脚雙臂此四格帶水水來制火可轉凶爲吉且必須上有生氣下有唇氈挨金剪火扞壓殺穴兩脚尖直裁補使彎方妙經云火脚金頭甃下封侯是也龍脈坐巳丙午丁則形應而氣旺火命人受蔭寅午戌年發達上格龍主文掌兵權武鎭邊庭下格龍主性情剛烈武斷鄉曲安葬時宜大開塋盤作土堆

奉天關東印書館排印

正體孤曜

孤曜以情言腦圓而方其身高面飽脚直形如覆杓是也蓋正體金頭木脚上下相尅扞之主出孤寡僧道牢獄縊死之禍金命人受害巳酉丑年見災惟開口懸乳弓脚雙臂此四格帶水水來生木可轉凶爲吉且必須上有生氣下有唇毡剪木𧫸金扞壓殺穴兩脚直梗裁補使彎方妙龍山屬庚申辛酉乾則形應而氣旺金命人受蔭巳酉丑年發達上格龍主富貴雙全下格龍主

僧道為官安葬時亦宜大開塋盤作土堆

正體燥火

燥火以性言腦尖身斜面飽形似令旗頓鎗是也夫燥火炎上金入則鎔木入則化水入則涸土入則焦祖山恒有結穴罕見下之生人面惡性燥軍賊橫暴跛瞎瘋癲火災猝死火命人受害寅午戌年見災惟開口為穿水水火既濟轉凶為吉始可取用龍山屬巳丙午丁則形應而氣旺火命人受蔭寅午戌年發達上格龍主邊

奉天關東印書館排印

鎭立功下格龍主武斷鄉曲宜大開堂盤作水堆但此星至凶若作用有差難免凶禍慎之慎之

正體掃蕩

掃蕩以情言水星也身曲而斜而上高低不平散漫無收如水傾地是也扞之主男奸女淫水命人受害申子辰年見災惟懸乳爲垂金水得金鎭則波平浪靜轉凶爲吉方可取用龍山屬亥壬子癸謂形應而氣旺水命人受蔭申子辰年主婦女淫慾興家男子江湖致富難

以貴論宜大開瑩盤作金堆若體圓如圈名陽文曲形
如生蛇名陰文曲在高山行龍者貴結穴至賤

九星九變總斷

第一星辰名正體端莊斯爲美而生凸凹穴方堅砂要
緊包纏
第二星辰是開口生氣必須有穴下平坦無漏槽下後
出英豪
第三星辰名懸乳正是斜即非上要出殺水分明光潤

穴斯精
第四星辰脚先弓左右本雷同長脚逆水最爲艮蔭産
紫衣郎
第五星辰名雙臂交抱乃爲最多作鳳凰展翅形朱紫
滿門庭
第六星體單股名砂止一邊生股須彎巧愛逆水缺邊
補爲美
第七星辰名側腦肩下垂乳好前宜堂聚後樂山扞下

出高官

第八星辰沒骨體肩下開口吉穴生鼠肉後樂高融結

始堅牢

第九平面星最貴光圓含精氣中有泡窩造化凝葬後

出公卿

覆箕　不入星格

此格頭圓背拱身長尾齊形如覆箕是也蓋渾身屬陰

全無化生之氣主孤寡絕嗣若開微窩小口則老陰生

奉天關東印書館排印

少陽方可下之

仰箕　不入星格

此格身口直長開竄深潤內無生氣形如仰箕是也凡立宅安墳主妖鬼入室婦懷怪胎男姦女淫敗家絕嗣

體似陽文曲但文曲身圓仰箕口長也

鼈背　不入星格

此體四圍圓拱面如龜甲鼈蓋毫無欹肉是也蓋孤陰不生決主絕嗣其形亦如覆箕但覆箕身長鼈背體圓

也若開平面則又至貴

鱉裙　不入星格

凡星體四圍必有餘氣上如鱉蓋之硬弦下如鱉裙之湫邊扞上是孤陰而無陽媾扞下是純陽而無陰接決主敗絕

八盜星

側體天罡是賊星旗頭鎗脚一同論探頭側面皆行竊碎石尖斜盜亦生鵞頸龜頭成劫脉破軍星現夜刁門

奉天關東印書館排印

更有披簾號賊殺砂如茅葉暗偷金
探頭者案外有山微露頭腦也側面者案山左右出
頭斜視也鵞頸者穴後束氣脉形彎長也龜頭者穴
星尖削也披簾者兩砂尖利如刀也茅葉者兩砂細
直如鎗也

窩穴（本瘳金精穴格斟酌損益）

窩穴者穴星開口兩砂彎抱形如燕巢鍋底是也有深
窩淺窩濶窩狹窩四格盖深窩濶窩宜生乳突淺窩狹

窩務要冲融左右兩砂交抱名藏窩最吉兩砂不交名開口窩必須近案關攔方爲貴地怪穴有二一曰邊窩本身一邊起弦搦抱僅高數寸一邊空缺外來護衛此格多在高山成仰天湖形一曰並窩一星融結兩窩三窩相並中間之砂抱左抱右巒頭橫大毬簷各明方有佐証相地者愼勿以中砂認爲大乳也可

奉天關東印書館排印

邊窩穴格

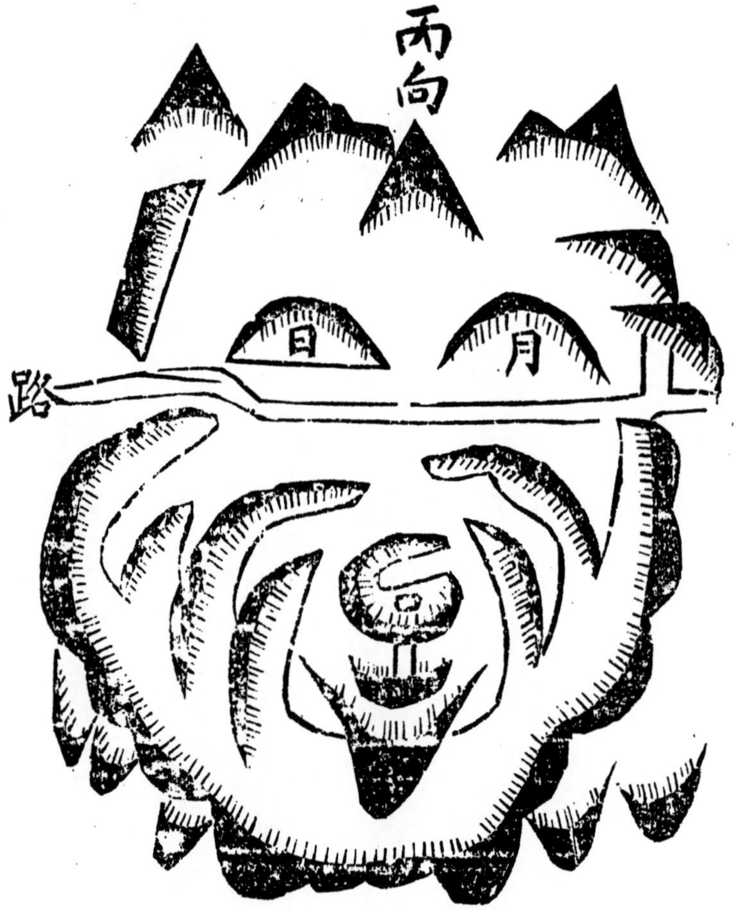

右格忠定公張纛祖地也其龍遠不悉述將入局開仙橋帳落脉行度數節山乍忽然平坦左畔一砂㩻抱僅高數寸成邊窩穴格左右山低一望青天不入俗眼要之穴高三里登塲不知其高面前秀峯羅列斯爲美也

廖金精下課曰騰雲紫氣欲侵天左右陰陽近穴前山水並朝廉貞見爲官淸正四方傳仙橋帳下勢盤旋登穴分明在半天南極聳奇辛巽應有文有武有神仙塋後生忠定公參知政事甲公封忠利侯仙君曰範封紫

奉天關東印書館代印

璚眞人

左格在浙江餘姚縣聞家堰周都憲祖地也其龍華蓋三台作祖撒落平地渡水穿湖湖中起太陰金星結成燕窩穴右畔突出石印捧奇四面湖水汪洋諸峯羅列宋時聞姓葬右窩出鼎甲科第十餘人今周氏葬左窩又出科第十餘人眞貴地也

並窩穴格

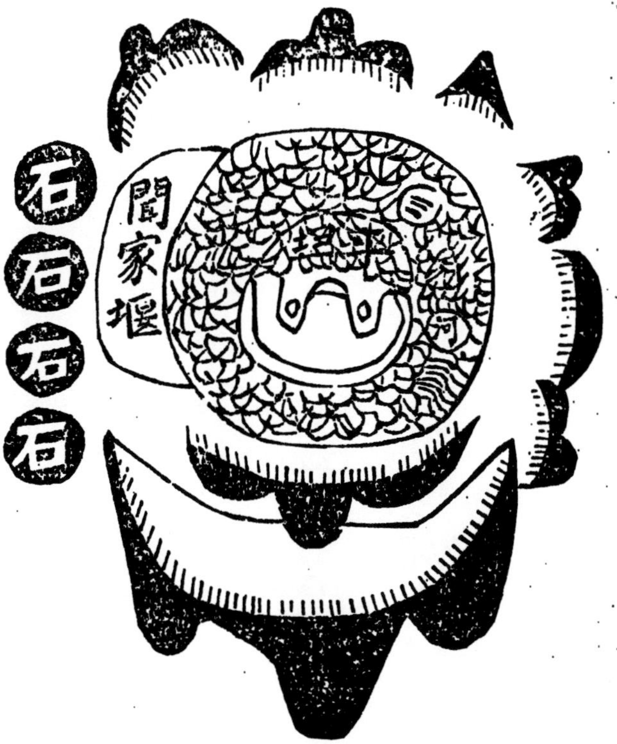

左格係梓溪劉氏祖地也其龍發自白湖嶺入首聳起三台中抽嫩枝太陽正面屬空窩而眞氣閃於左畔落

奉天陳東印書館排印

平坡起微突結穴如老蚌吐珠頴異非常左右巒抱有情面前河水縈繞奇峯朝揖眞美地也葬後科甲聯芳朱紫滿門何野雲道經梓溪劉氏請覌此地記曰湖峯美地穴難扦左畔仙宮汝占先二十四神皆拱揖三十八將盡朝元丑山未倒坤申水子息金階玉殿宣先出文林並奉議南鄉北堡置庄田三代神童始及第生成鐵樹也生烟兄弟四房俱發福燒些錢紙玉爐邊後果如記言

不葬窩穴格

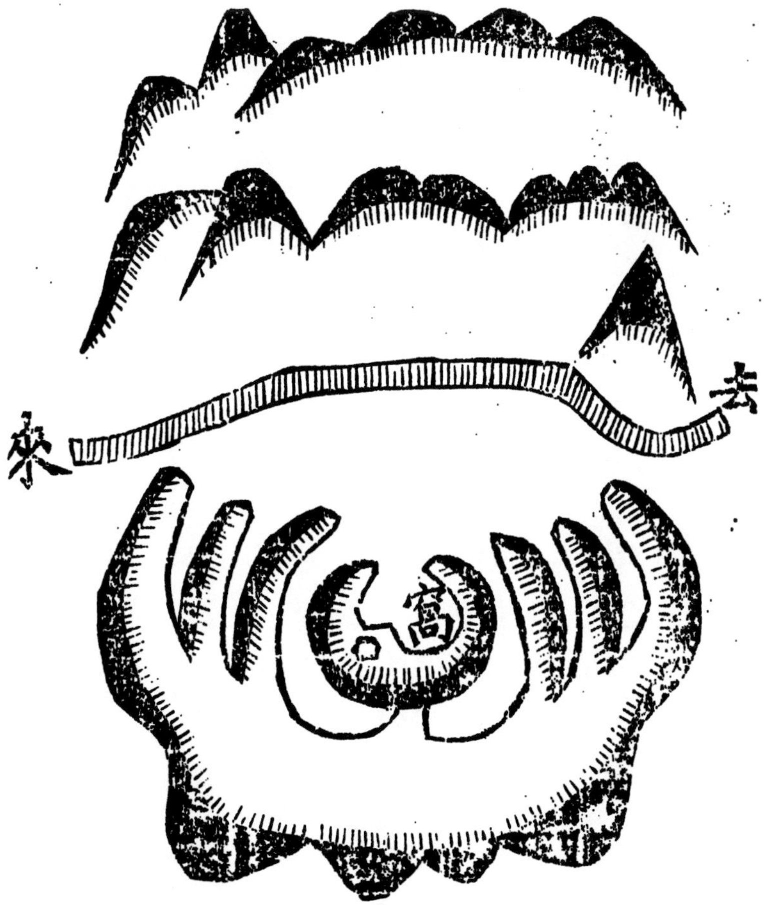

奉天關東印書館排印

鉗穴

鉗穴者穴星開口兩脚如鉗形如金梘銀槽是也有直鉗曲鉗長鉗短鉗邊曲邊直邊長邊短八格夫鉗之直長者必須近案橫攔曲脚惟喜逆水短脚務要補湊怪穴有二一曰分鉗穴星開口兩脚向外總要登穴不見分飛之勢爲佳一曰合鉗巒頭腦下無穴脈從兩股分來至鉗頭合聚成穴鉗中有微茫水槽名人中水鉗頭起突泡以寨之形似玉筯夾饅頭也大凡窩鉗之穴大

則穴中宜生乳突小則穴中務要冲融上要弦稜圓滿
切忌淋頭下要唇氈兜起須防傾瀉相地者宜細察之

分鉗穴格

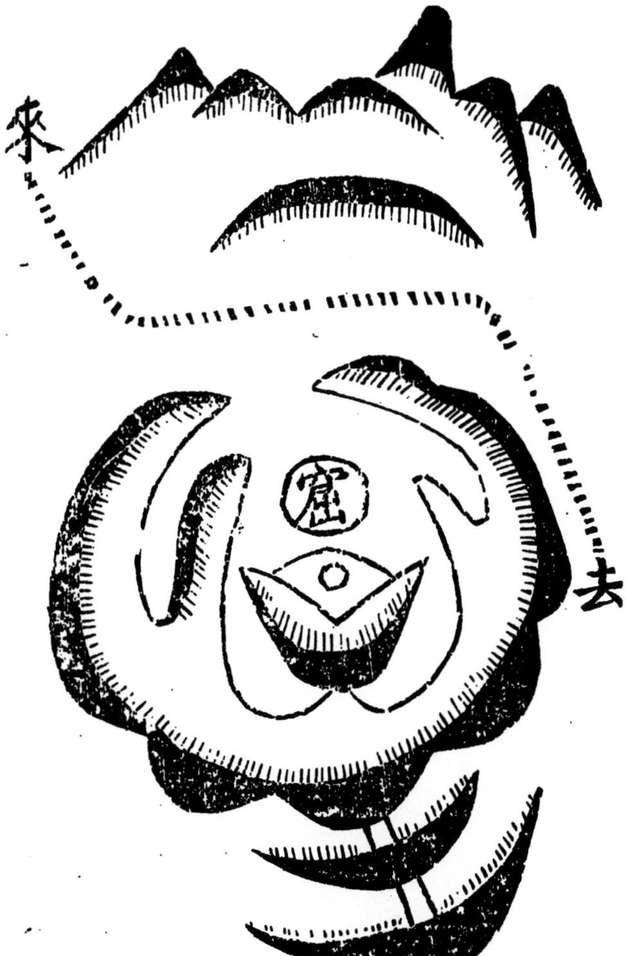

奉天關東印書館排印

右格在徽州黟縣黃坂垣汪侍郎祖地也兌山發脈轉
亥方脫落平岡成分鉗穴外砂包裹前朝秀麗塟後出
侍郎州縣不替

合鉗穴格

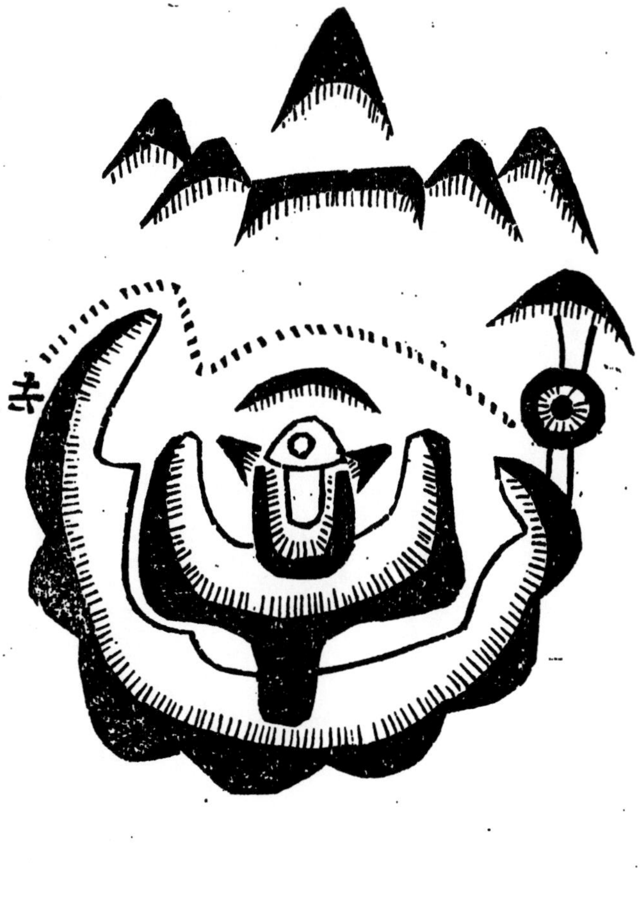

右格在德興縣金山土窖張須公塟祖地也穴上有槽

奉天關東印書館排印

俗呼玉筯夾饅頭吳景鸞下葬後須公官虔州倅張根
張樸俱入翰林一門鼎盛
左格在華容縣七峯山王氏祖地也其龍來遠不能盡
逃比入局大開帳幕頓跌數峯磊磊落落入首抽出平
脉成盧鞭貴格開鉗陡峻不能融結而蓋穴天然四應
有情江右雷仙下葬後生裔桂公登進士入翰林富貴
方隆

不墊鉗穴格

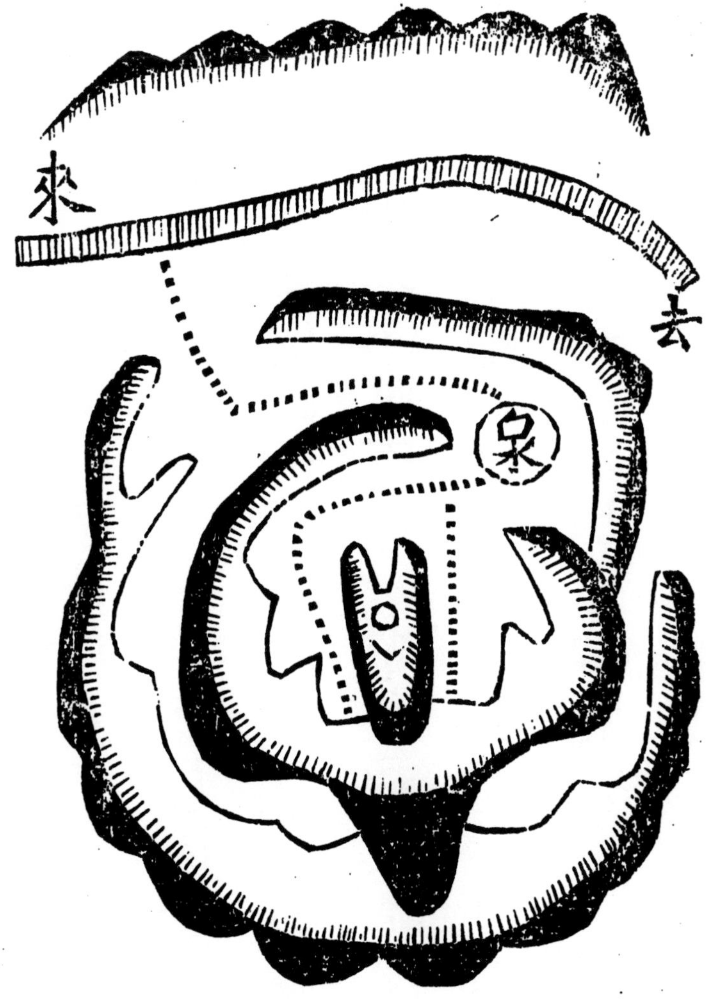

奉天關東印書館排印

乳穴

乳穴者穴星開口中間垂乳兩脚彎抱是也有長乳短乳大乳小乳雙乳三乳六格夫乳長者忌直硬宜中有節泡穴在節下平坦處乳大者忌粗腫宜內有微窩穴在窩中融洽處短乳小乳喜油嫩光圓忌峻嶒瘦削兩乳謂雙星兩乳旁生兩歧謂麒麟三乳謂三台兩乳兩穴三乳三穴若大小長短不均以特異者爲正穴怪穴有三一日閃乳穴星開兩砂彎抱中乳直硬偏斜毫無

融結正氣閃在一邊中乳成龍虎砂也龍從左來穴閃
在右龍從右來穴閃在左若乳頭左右兩顧則左右並
結一曰側乳穴星一邊開脚彎抱一邊垂乳形似蛇盤
乳頭宜生微窩歛邊必須補湊方佳一曰合氣乳化生
腦上數條微脈皆有人中水乳上起𣊬稜塞之數脈合
氣結為一穴此龍氣旺盛發福悠久
大凡乳穴務要兩砂互抱近案關攔乳頭光圓穴塲平
坦上要殺水分明下要唇氈兜趨乳若直硬斜曲巇嶒

奉天關東印書館排印

粗腫皆非眞結

左格在婺源縣太白巡司東倪御史祖地也其龍入首開帳磊落奇特抱護重重下關逆遶四勢團聚董德彰初下中乳天穴以貪外秀不利復扦地穴就明堂又不利倪氏欲扦別處董曰眞龍無虛生之理必我誤也復私往其山周匝詳審見其乳上直硬下抱左因知穴閃一旁中乳乃是護砂也然左臂獨高如坐面牆不入俗眼因呼爲美女擲梭形倪氏信之遂改扦焉下後進賢

登進士官御史曰孚曰鼎登鄉榜一時騾發夫以董公之明尙至三遷而得正穴可見砂水誘人雖明師不免若認得龍眞固當細審情勢愼毋一見不利而遂棄也若今之爲師者其目不迷五色誰乎爲何自以爲是毫不熟思審處也

奉天關東印書館排印

閃乳穴格

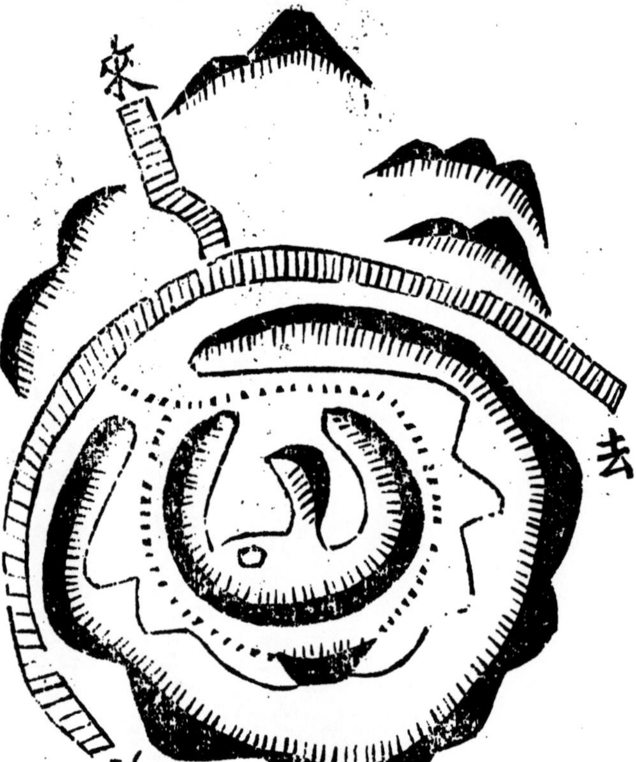

側乳穴格

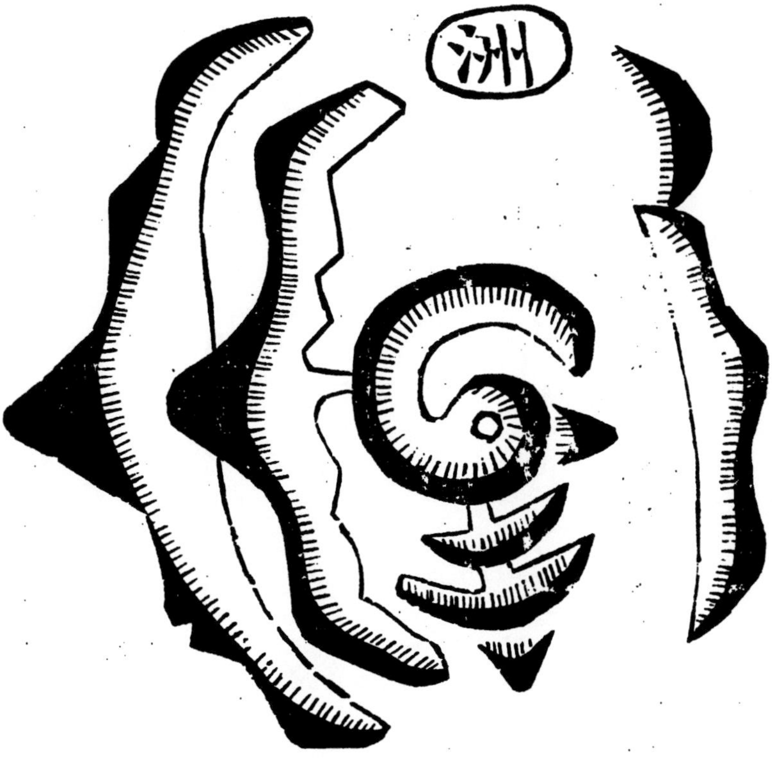

奉天關東印書館排印

右格在貴溪縣南堡土名流口夏閣老祖地也其龍穴甚貴但堂氣偪窄不見外朝桂公晚年無子因地理家有案外見靑天後代少人烟之說遂改遷焉開壙時棺木如新茜藤交結霧氣蒸騰似鍋滾熱未幾公遭誅戮不可樂救然此地葬時公已貴矣其禍未必因此而致拜相乃係出於桂樹洲祖地故大興築造以補其缺彼傷戕龍神塡塞界水皆能召禍因特錄此爲輕舉者戒耳

左格在德興縣長塘余氏祖地也其龍來遠不可勝述入首亡字顛起土星中乳直硬而無融結土星掛角開口垂珠倒氣前有唇氈後有鬼襯足爲穴証塟後出鎖公登進士官太守並一堂衣冠數十人

奉天關東印書館排印

不非乳穴格

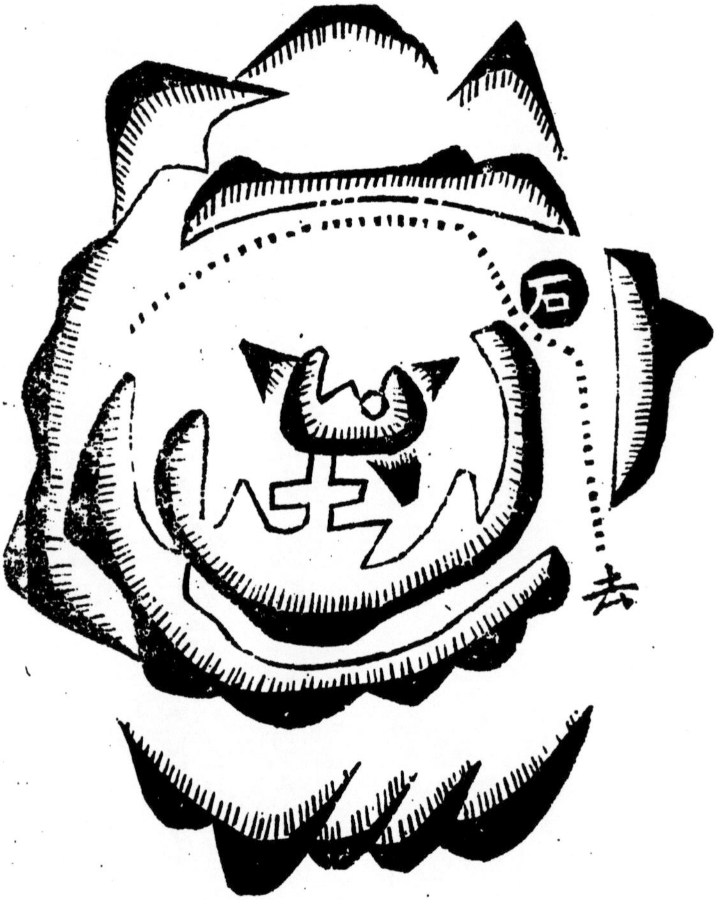

突穴

突穴者穴星開口兩脚彎抱中結圓泡形如雞心鵞卵魚泡龍珠是也有大突小突兩突三突四格蓋大突宜生微窩小突必須光圓雙突三突合氣突與乳同論怪穴有二一曰鶻突四畔微有界水中高數寸隱隱隆隆細審方見即太極圓暈是也一曰並突兩突相連穴在交界之間此二格乃天地鍾靈山川毓秀龍脉旺盛凝聚而成主出理學名臣流芳百代之人

奉天關東印書館排印

大凡突穴高山要突中有窩藏風爲上平地要窩中有突得水爲先面上宜平坦光圓忌臃腫懶散四圍周密分合明白爲佳

鶻突穴格

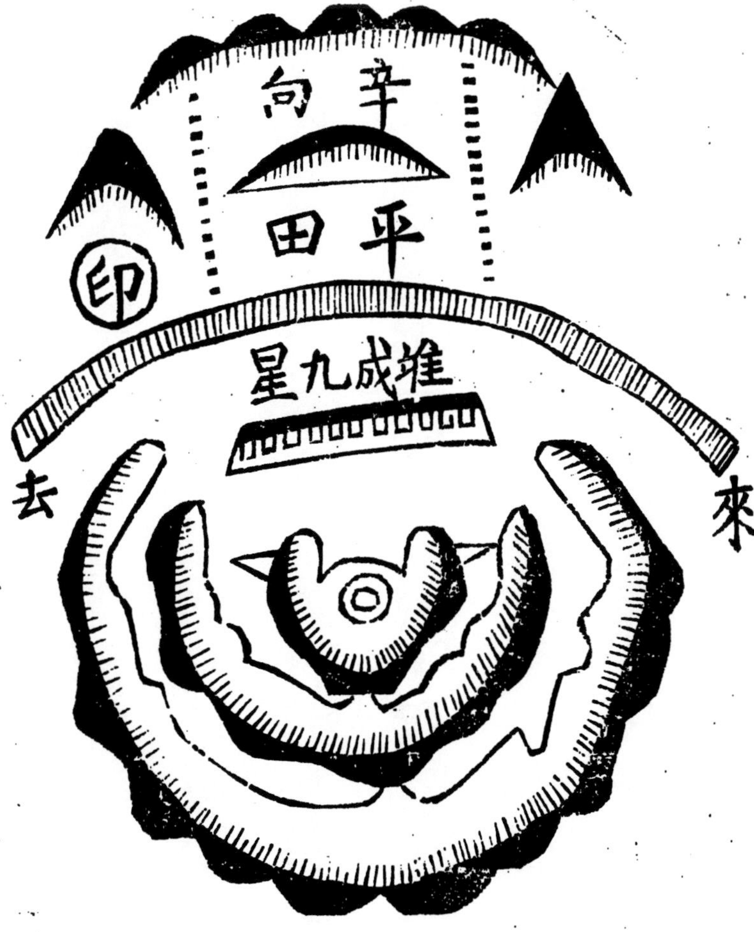

奉天關東印書館排印

右格在浮梁縣東鄉盧氏祖地係吳景鸞所下也吳與
李厚謂李曰昨爲盧氏下一國后地李曰盍先指我乎
師曰不難吾爲子圖之令彼貴氣歸於子家切勿洩耳
於是語盧曰前所下之地將軍拔劍形案上堆九星則
當速發盧從之師歸囑李曰汝戒爾子孫盧氏有女選
妃臨行而發瘿乃貴女也娶之必生貴子後盧氏果產
一女應朝選至朝忽發九瘿遂見棄李氏子孫娶之生
九子皆貴相傳爲九瘿夫人云

左格在德興縣土名海口董氏祖地也入首落平坡二突相並結穴兩旁大金夾照前朝貴人立馬以爲正案葬後出進士數十人翰林理學數人若槃澗先生銖深山先生鼎皆此地所鍾也

奉天關東印書館排印

並突穴格

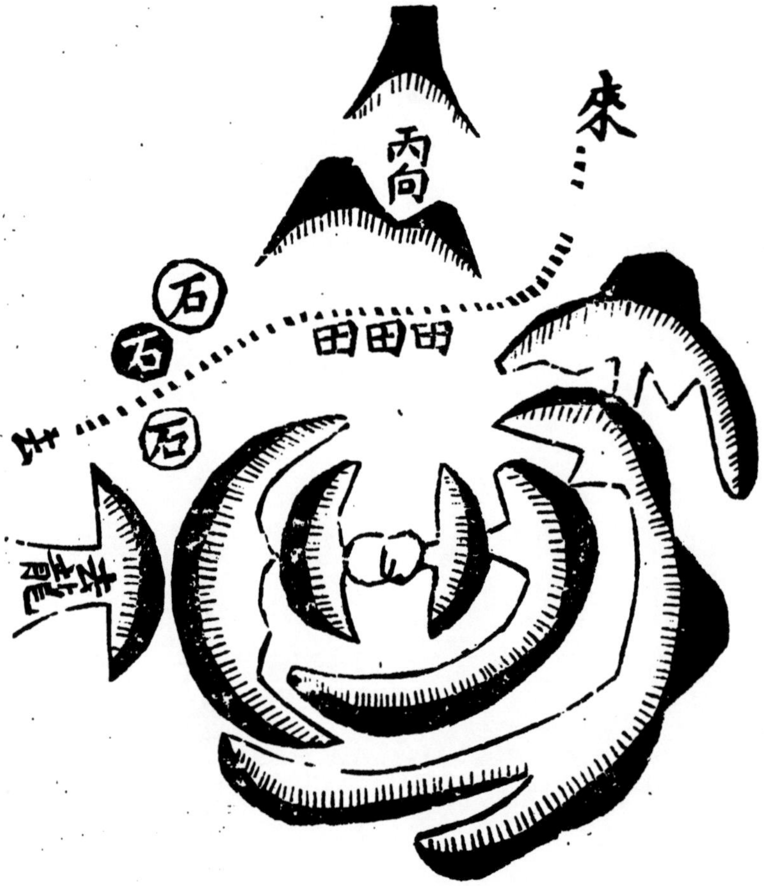

不葬突穴格

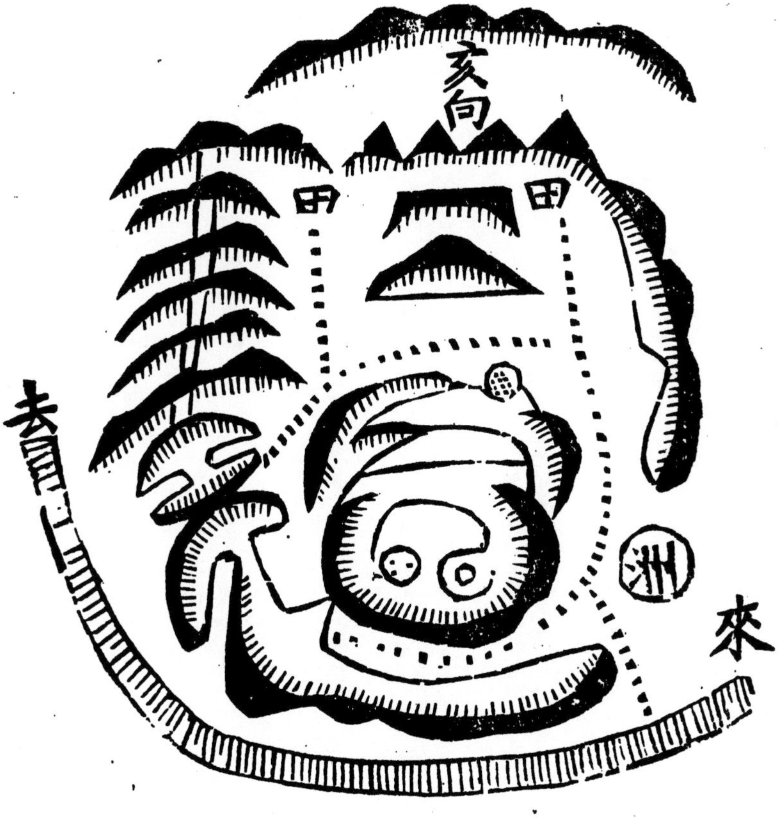

奉天關東印書館排印

右格在永康縣東徐侍郎祖地也其龍逆大溪而上復翻轉逆田源結穴雖有突形而四應不對其穴融結右畔但左砂硬奔明堂傾瀉不入俗眼先一家葬敗遷去劉永泰復爲徐氏指葬舊所徐曰彼既不利吾何可葬劉曰淺深不同乘氣有異況此地本主先凶後吉彼葬退敗則凶氣已去吉氣將來矣徐從其言葬之課曰一代伶仃二代貧三代頗有讀書生四代爲官常近帝五六七代科聯登後果出侍郎科弟數人一時驟發

唇氈

穴下微吐餘氣形如口下嘴唇故名曰唇穴前平坦橫寬形如毡褥鋪展故名曰毡有唇則生氣旺盛有毡則穴不傾瀉最吉若穴前餘氣太長如牽繩拖帶則盜拽穴氣必須鑿成月池使之注水既水止息穴氣更可保利初代乃爲妙用辨惑歌云也有穴前嘴直長截去作內堂是也俗師管見每於餘氣盡頭處扞葬誤認爲末落冤哉

奉天關東印書館排印

怪穴論

廖公洩天機穴形格理可謂備矣但胎息孕育變化無窮正體雖易知變格最難辨若第按圖索驥吾恐以偏陂狗藪為邊並之窩飛砂曲脚為閃側之乳脇窩漏槽為分合之鉗浮土頑堆為鵲並之突也且窩中空陷或有窩不葬窩鉗內陡跌或有鉗不葬鉗乳若硬直斜曲或有乳不葬乳突若巇嶒粗腫或有突不葬突神而明之存乎其人尙其一一分淸而不爲怪穴所迷則得矣

怪穴歌

眞龍藏拙穴奇怪俗眼何曾愛天珍地秘鬼神司指點待明師或然高在萬山巔天巧穴堪扞或然低在深田裡沒泥穴可取或然孤露八風吹登穴自隈聚或然直出兩水射臨穴有憑藉或然結在水中央四畔水汪洋或然結在頑石裡穴纔土脉取或然有穴瞰泉竅葬後水乾燥或然有穴逼水邊葬後水城遷或然有穴居龍脊騎着貴無敵或然有穴截龍脉斬關古有格或然有

奉天關東印書館排印

穴傍水濱秋冬始見眞或然有穴落田疇春夏水交流或然穴在土皮上名曰培土葬或然穴在石罅中有土氣斯通也曾見穴水直流下後出王侯也曾見穴砂斜飛下後着緋衣也曾見穴沒包藏一突在平洋也曾見穴多餘氣山去數十里也曾見穴坐後空水遶不畏風也曾見穴面前欺顧祖不嫌低也有巧穴名合氣來脉雙龍至也有巧穴名龍脫脉從水中過也有醜穴腦偏側時師難辨別也有穴下生尖嘴楓葉三叉體也有穴

前嘴直長截去作內堂也有穴後是空槽玉筯夾饅頭
也有穴前是深溝金梘與銀槽也有醜穴如鶴爪突露
無人曉也有醜穴似牛皮懶坦使人疑也有醜穴少一
臂時師容易棄也有醜穴體粗頑細認太極安也有怪
穴是凹腦後樂貼身高也有怪穴是仰瓦氣璧前頭下
也有怪穴似拖鎗只要纏護長也有怪穴如鬬斧只要
鬼樂守也有怪穴無龍虎何人用眼睹也有怪穴無案
山諸水聚其間也有怪穴如反掌窩靨形微坦也有要

鍬反節苞子細認玄妙也有壁上撲飛蛾細看突無多
也有壁上掛燈盞但見窩微仰急山忽然一坦平穴向
此間停緩龍到頭突忽趄穴向此中取精神顯露反非
祥隱拙始爲良認得龍眞穴便的怪穴何容疑若是假
龍定無穴奇怪君休說此中造化有妙玄須待至人傳

怪穴明證（萬金歌）

談山談水世俗多巧拙不知怎奈何誤葬祇因求正面
不扦悉是棄偏頗好婦不須全俊美福人何用太嘍囉

試說揚州有一地地名露山金沙尾十里來龍的的眞
臨作穴處笑殺人三家葬後盡改去一家買得又不取
一家轉買仍不用再賣與人原姓董買成幾年不敢葬
無人定穴不知向一日遇着柏葉仙深愛此地意灑然
董家扞後出貴子連登科甲躋膴仕稅錢也有千萬貫
田業十州難計量又有蔡州盧家塘穿心龍出面向陽
虎長龍短側乳穴賣過七主無喜色黃家老翁有陰德
遇着曾仙爲指畫葬後一子入台諫至今仕宦尙不絕

奉天關東印書館排印

若還不是遇神仙用着時師徒枉然世人求地先種德
自有高人爲爾扦
左格在興化府城內烏石山林氏始祖地也其龍與
府龍共祖分枝跌斷穿田連過數峽逶迤而來至入
首起走馬三台出脈穿城卓起巨石如奇葩如靈芝之
穴結石下僅丈尺之土穴前後起巨石昂然朝拱壺
公山高聳端嚴取觀音坐蓮形
相傳唐時先有一貴家偕師尋地至此師見主人少

福旣不指穴又不同歸困厄乏食林母賣糍粿與之不吝師曰吾受母惠無以相報烏石山有大地可圖爲壽藏異日富貴無窮林母從其言葬之唐宋迄今科甲之多海內莫並世謂無林不開榜皆此地所鍾也

奉天關東印書館排印

石巧怪穴

泥水怪穴

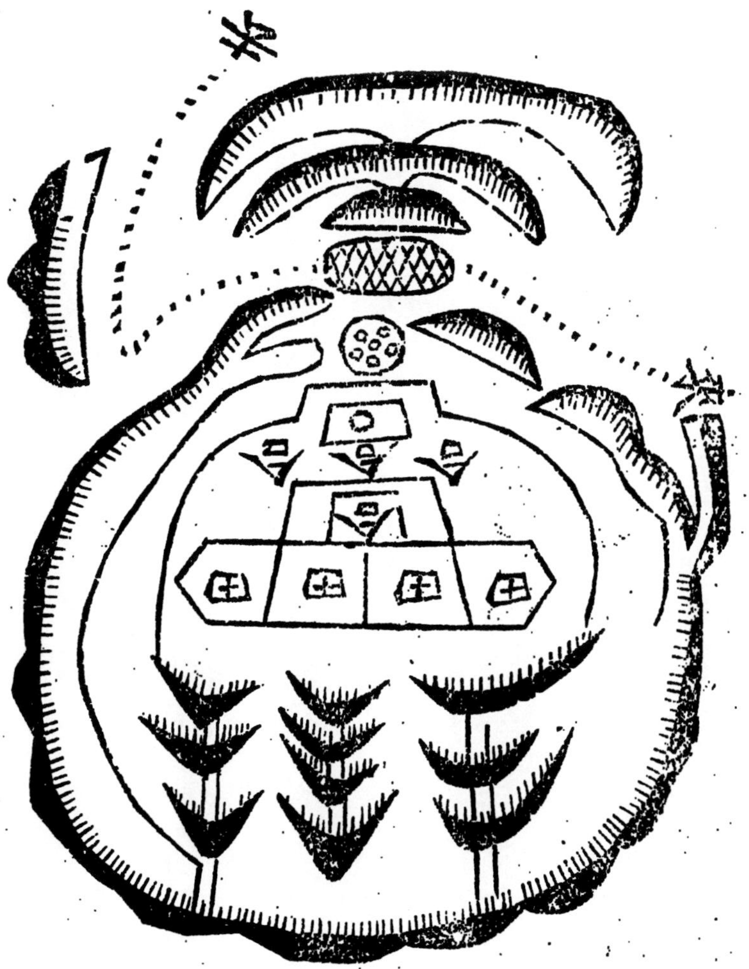

奉天關東印書館排印

右格在永康縣東北五十里王都諫祖地也其龍入首開帳抽出木星數枝齊落平坡合爲一氣勢如層波疊浪穴結泥水田中培土成墳左右忽起小石山遶抱近案有情護砂有意登塲觀之四山團聚羅列二水交互迴環眞美地也豐城范師下課云六十年來出雙貴誰知妙穴在泥田塟後竹峯兄弟同科登進士官都諫果出雙貴范師面瘋永康謗云若想死去請范瘋子若要敗去請劉永泰二師慣點怪穴初代多有不利故有如

此之讖

衛身砂

此砂在穴兩旁貼身護體所以蔽陰風也有二格其砂短直薄小形似蟬羽名蟬翼砂乳穴多有以乳形直而砂亦直也其砂彎環繞抱形似牛角名牛角砂窩穴多有以窩形圓而砂亦圓也

圓暈水

此水在穴四圍上分下合所以聚生氣也有四格一曰

奉天關東印書館排印

蟹眼水夫蟹左行左眼珠露出右行右眼珠露出凡窩
鉗穴吐微唇如蟹臍兩砂彎抱如蟹脚兩傍小水一明
一暗如蟹眼雪心賦註無三叉脉出有兩股牛角砂夾
一滴蟹眼水窩靨是也蟹本兩眼行時只一眼珠露出
故曰一滴二曰蝦鬚水凡物之鬚皆自口旁生出惟蝦
鬚獨在頸項生出一長一短其形多直至口交互若乳
穴似蝦頭水上分處似蝦鬚出在頸水下合處似蝦鬚
交至口雪心賦註有三叉脉出合兩片蟬羽砂夾兩股

蝦鬚水乳突是也三曰金魚水凡魚食水口入腮出惟
金魚食水腮入口出若突穴似金魚頭圓上分水似金
魚腮圓下合水似金魚口圓故名金魚水凡穴有餘氣
則水形直長自成蝦鬚矣四曰人中水穴上兩條三條
脈合氣中有微茫水槽下起弦稜阻塞恰似口唇上之
人中故名人中水此龍氣旺盛融結至貴不可誤認爲
淋頭也余每見時師爲人相地遇著此水多有遺棄謂
此等水道將來必成滯淹自我看來誠迷夢未醒之輩

所云然矣烏足與議

巒頭指迷巽部終

巒頭指迷離部

棗陽何廷珊玉册註解
歷代諸仙師著
樂亭溫紹先繩武滙輯
開原田毓珍聘卿編次
棗陽尹貞夫選
黑山王維新作民參訂
蓋平劉鳳岐興周贊修

穴法切論

古歌云望勢尋龍易登山點穴難到頭指一差如隔萬

奉天關東印書館排印

重山誠以千里來龍惟結八尺之穴而塟乘生氣全憑
點穴工夫予歷覽舊跡有十分美地前人葬未得穴而
敗後人塟能得穴而發者又有前人扦塟而已發後人
附塟而敗者此皆係一毫差千里失之弊也指南云立
穴高低裁不正縱獲吉地也枉然言上下不可有失也
四神口訣下穴不可少偏陂左右若差福成禍言左右
不可有失也實鑑云午向忽然來作丙即傷生氣減福
力言立向不可有失也塟經云淺深得乘風水自成言

淺深不可有失也若點高一尺則鬬殺謂之犯罡點低
一尺則脫氣謂之犯蕩偏左一尺水蟻侵左偏右一尺
水蟻侵右深一尺氣從上過水蟻自底生淺一尺氣由
下走水蟻自蓋入是誠點穴之難也予博採諸家之法
立點穴一定之方必宜先於明堂中案山上對面相向
則穴之大概可見此所謂南山有地北山看江西有地
望江東是也既看畢然後登塲正坐仔細環顧一依楊
公之窩鉗乳突以觀穴形二宗廖公之九星九變以辨

巒頭三取穴証按郭公之乘金相水穴土印木以看天星之偏正四審穴暈遵曾公之撞離冲傷脫五字秘訣以定倒杖之是非庶乎點穴有定法有定規而學者亦有定見矣

太極兩儀四象八卦

太極者穴之圓暈也大凡有眞融結穴上必有分水穴下必有合水左右必有界水中聚一團生氣細看有形粗看無迹相地者須先於暈心中立一標次於左右上

下圓圈邊各立一標橫直牽線作穿心十道而點穴方的兩儀者一陰一陽太極所生也凡圓暈肥滿者爲陰瘦陷者爲陽暈中陰陽間半而點穴即在正中如陰多陽少穴宜就陽邊一二二分陽多陰少穴宜就陰邊一二分法用饒減名曰挨生四象者太陰太陽少陰少陽二儀所生也凡圓暈肥滿高大成大乳大突者屬太陰瘦陷深濶成大窩大鉗者屬太陽然太陰太陽無化生之氣必太陰中生微凹是謂老陰配少陽太陽中起微凸

是謂老陽配少陰而結作始佳凡圓暈肥滿小巧成微乳微突屬少陰瘦陷淺狹成微窩微鉗屬少陽此化生己定葬者惟求生氣得乘耳八卦者乾坎艮震巽離坤兌是也合干支共二十四位將羅經先於巒頭正面上定一針盤看山屬何干支其向宜何如立穴於束氣結咽處定一針盤看脉屬何干支其氣宜何如乘但當依賴公挨加之法爲甚宜其餘卦例俱不可遵也

相穴六要歌

第一要待青天斬木燒草理當先巒頭星體已明露結穴情形自顯然
第二要審生氣脉出巒頭當仔細渾落片垂心裡扦一線動靜是眞意
第三要看明堂容人臥上是牛塲減加進退諸般訣不出郭公相水方
第四要盼兩砂主僕原來係一家青龍先抱穴偏左白虎有情須就他

第五要案山眞主賢始得有嘉賓倘如賓主不針對正穴必居左右鄰
第六要四端備一端不合穴成僞登場左右若逢源怪奇結作亦眞諦

點穴總訣（胎息毬簷挨生棄死）

穴中胎息最當究息近簷來胎近毬氣緩乘胎毬下點脉剛就息入簷頭凡眞穴必有太極圓暈暈上分水弦稜微起如毬圓故名曰毬暈下合水氣脉界斷如堦簷

故名曰簷毬下生氣圓滿處是胎簷上生氣止聚處是息如脈來有脊此陰而急不可鬬殺則當穴扦簷上是謂就息此急來緩受之道也如脉來平夷此陽而緩不可脫氣則當穴扦毬下是謂乘胎此緩來急受之義也然旣知進退之法尤當明饒減之方饒減者挨生棄死也如龍從左來生氣歸右穴宜挨右龍從右來生氣歸左穴宜挨左兩砂則以先到者爲生後到者爲死彎抱者爲生直硬者爲死細嫩低小者爲生粗頑高大者爲

死光淨純土者爲生破碎帶石者爲死若扦穴挨在生邊自然棄死不待言矣且乳突屬陰以陽爲生須就淺水昏暗邊挨一二分扦穴葢淺水邊穴必平坦所謂陰到以薄處爲生是也窩鉗屬陽以陰爲生須就深水明顯邊一二分扦穴葢深水邊穴必圓拱所謂陽到以厚處爲生是也水若明暗相同則生氣中聚須就中間陰陽各半處扦穴如此總訣和盤托出萬不可少有偏倚

左格在休寧縣山斗程氏祖塋也其龍係猛虎跳澗

形董德彰下課云半夜夫妻八百丁　相傳程氏乾
仁爲妻卜地葬後半紀乾子名奉婚娶之夜有虎行
似人奉以爲盜開門捕之被虎所傷半夜之合婦即
有孕後子孫旺盛縣內程姓居半果符課言

急來緩受

五字秘訣

（離撞冲傷脫）

毬簷十字定中央差了斯須即有殃離在兩邊挨正脉撞居毬上鬬殺方傷開太極圈便是冲破化生腦頂當脫到簷前近合水能知五字妙非常緩來就撞急用脫離以挨生棄死詳

四證點穴（乘金相水穴土印木）

金之形圓穴上化生腦生氣圓滿扦穴宜乘圓滿處故曰乘金穴兩邊界水上分下合交會於小明堂扦穴宜向明堂融聚處故曰相水穴兩邊小砂其形短直直者

奉天關東印書館排印

屬木取爲左右印證故曰印木穴中央屬土其形方正
穴當四應正中猶土居五行正中故曰穴土倚塟偏於
生氣之左爲左不乘金主一四七房先敗絕塟偏於生
氣之右爲右不乘金主三六九房先敗絕當急而緩當
緩而急爲上下不乘金主二五八房先敗絕彼迷夢無
知之地師不可不詳說明白

土宿羅紋

土者穴也宿者星宿也穴居四應之中猶土居五行之

中成尖圓方扁之星體故曰土宿羅紋者正穴面上微有紋理若旋螺若漩洄細看有形粗看無跡穴中見此則生氣冲足融結極佳彼俗師謂土宿在化生腦上者非也

土色淺深

穴有生氣土色必異金白木青火赤土黃水黑也夫黑土寒冷穴內不取故曰五土四備黃赤白三者純一爲上相兼亦佳吾嘗見土山石穴有如金如玉如琥珀如

奉天關東印書館排印

瑪瑙如粉花如石膏又如鎖子紋及檳榔紋之類須油嫩冲和溫潤如切玉似石非石乃爲佳穴彼石山土穴有如龍肝如鳳髓如猩血如蟹膏如碧玉如鏤金又如花膏紋及錦繡紋之類宜堅實明潤細膩如裁肪似土非土乃爲佳穴抑有山川鍾毓於穴中土色成形成象者謂之死靈死靈當見不見則穴不的或穴底有石板蓋着生氣之物謂之活靈活靈不可見見之則龍脉氣洩此中秘訣切勿輕瀉蓋一恐致世俗驚一恐犯造物

忌若五色亂雜不成紋理或同田園之土見雨成泥或爲沙子麻石毫無生氣此土決主有水不可下也再穴之深淺論法多端皆無定評總之千里來龍惟結八尺之穴凡穴之極深者不過八尺（玉尺只扣五尺六寸）穴之極淺者僅一尺有奇（法用堆壟）其穴之不深不淺者惟藏棺而已餘容地師審機觀變不必細贅

按九州土色有黃壤白墳青黎不同亦不必拘定紅黃吉而青黑凶也若孔陵屬黑土應該不吉乃猶爲

萬世師表此其明証自我論之大約黃壤白墳之地
穴中土色不宜青黑青黎黑墳之地穴中土色有紅
黃與白則宜學者若惟見土色不美而棄大地未免
太迷從此指破須各有妙用天機

龍虎

砂自穴星上分水生出者蟬翼牛角是也砂自巒頭後
分水生出者青龍白虎是也王者南面而立左青龍居
東象木右白虎居西象金前朱雀居南象火後玄武居

北象水若地理家以兩邊之砂名青龍白虎者取其能護穴蔽風也自巒頭後生出者爲上一邊自巒頭後生出一邊自後龍分來者次之兩砂內面多生爪牙重疊森立謂之排衙更貴總以環抱穴場左右揖讓光凈秀嫩雌雄交媾爲吉以尖射斜飛粗惡破碎斷臂折腰錯亂無序爲凶至於龍昂頭嫉主虎開口啣屍更凶難言矣惟青龍有情蔭長主發一四七房虎有情蔭少主發三六九房案山特秀蔭中主發二五八房若龍穴眞而

奉天關東印書館排印

砂不全當培則培塟經云目力之巧工力之具趨全避缺損高益下則得矣如勢不能培缺邊惟取水纏賦云無龍要水繞左宮無虎要水抱右畔是也彼迷人之眼焉能如此活動轉移吾故特爲指明

龍砂斷

靑龍如排衙聲名遍天下靑龍開口笑人旺稱富豪靑龍如拳頭富貴永不休龍頭爪牙生買田實有名龍身路彎環金銀積成山靑龍似拖鎗長子定離鄉龍頭撞

着虎弟兄爭論苦

虎砂斷

白虎重重鎖媳婦發如火白虎帶倉庫金銀積無數白虎生牙刀軍陣有功勞白虎軟如綿孝友四方傳白虎似鷙爪出得婦女巧白虎起尖峯有女似芙蓉虎頭起圓峯老婆駡老公白虎投水中殺夫與外通白虎抱龍頭淫亂不知羞白虎似葫蘆婦女貪花酒白虎向外走小子離鄉土白虎似拖鎗黑夜趕牛羊虎身路行長投

奉天關東印書館排印

河並懸梁虎身路相交姦夫日夜招白虎頭揷花淫奔不歸家白虎開口叉官非事如麻

大抵砂之貴賤須以龍之貴賤爲準賦云砂水小疵不減眞龍厚福叉云龍身若貴殺刀化作牙刀殊可知砂隨龍爲貴賤總宜認得龍眞穴的方爲完美若僅以砂之不吉拋棄大地未免可惜

纏送

纏者在送龍水外繞抱也纏於穴前爲案纏於穴後爲

托纏在穴之左右爲護衛纏至下手爲關攔是也送者
或從祖山分枝或從正龍身上劈脉夾着正龍送至穴
後也又名從龍左有送主發長房右有送主發幼房吾
嘗見迷人不醒多有在纏送上點穴者可笑極矣

朝山

朝者穴前遠而高大之山也最要端正聳峙與我相親
相媚如賓見主臣面君天然從對毫無偏倚謂之特朝
此兩山向空三山向中衆低小則向高大衆高大則向

低小如峯巒叢集則向虛空無空處則向特異必要四應合法方的倘乍見有情細審無意謂之僞朝朝僞穴必不眞經云君今但把朝案看朝案無情總是偏是也然亦有朝山秀麗而結穴不眞者尋龍記云共受前山三與五時師到此不能悟若還龍穴不眞的空有賢賓無好主此之謂也若時師僅見有朝不知有穴一誤用之如葬死人於死地縱外觀有耀與內顧何益不惟迷死人而活人亦迷實在可惜

案山

案者穴前近而低小之山也秀麗橫列與我不逼不壓高宜齊眉低則應心形如玉帶玉几天葩天馬軸誥展誥眠弓側笏蛾眉文星幞頭席帽雙薦三台等格最吉然惟喜近穴多嫌破碎若本身龍虎互抱成案則骨肉一家不假外來情愈親切更佳此所謂遠朝千重不若眠弓一案也蓋遠朝爲衆穴所共而近案爲一穴特設故龍子經云仲手摸着案稅契千萬貫言案近則元辰

奉天關東印書館排印

水聚而財祿自豐也如太陰蛾眉作案在巽離兌三方主女貴妻賢若三方有凶砂惡水反是所以吉地不必有朝而要不可無案縱或無案猶須有堂經云也有大地無案山只要諸水聚穴前是也

點穴惟以乘氣爲主朝案次之如强貪面前山水則外之立向有誤內之乘氣即乖此蓋一毫差千里失也

左格在浮粱縣東土名高園宋尚書祖地也其龍發自

東鄉兩溪夾送行至百餘里交會將入局翻身起水星大帳帳中出脉大斷過峽頓起御屏土星中出微乳結穴左右龍虎環抱如鋪毡揩笏面前文峯特朝穴下靈泉融注内局緊固外陽寬暢課云青龍揩笏白虎鋪氈二紀年後爲帝王師果二紀年間尚書䊵孫爲理宗師保朱紫滿門有九子十神童之稱其後子孫平泉爲田阻塞靈氣遂敗

相傳宋理宗命䊵孫繪祖地圖形呈覽帝以朱筆點前

奉天關東印書館排印

峯曰卿爲朕師乃此峯鍾秀也當封爲王師峯是時山一圓石墜下儼然點硃神哉

特朝証穴

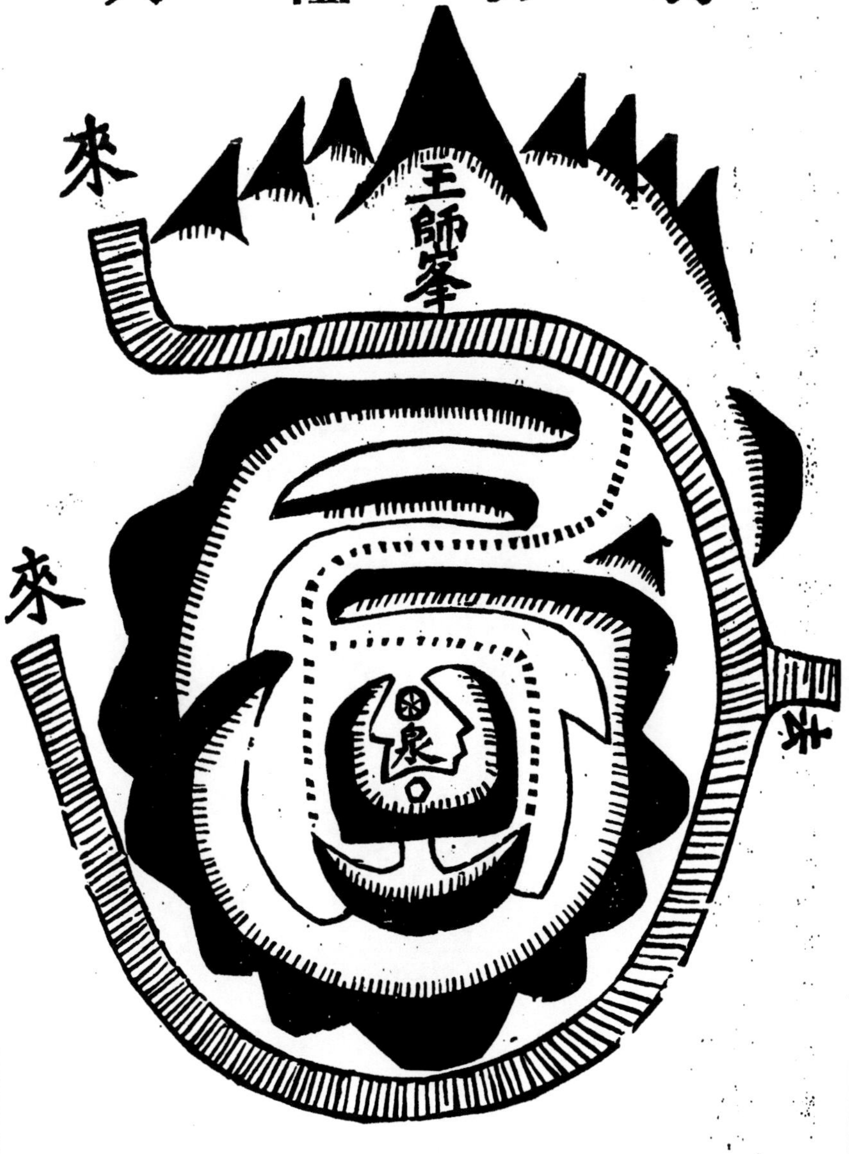

奉天關東印書館排印

特案証穴

右格在樂平縣十六都汪垅口戴廣一公塟子地也其

龍入局落平岡委蛇數節轉身逆結後托低遠帷遠案秀麗足爲穴証兩水夾送明堂融聚水口交固魏克政下課云三朝小凶一七大凶凶過轉吉發福無窮果塟至三日虎傷一馬七日公病遂命遷子墓以爲已塋公卒塟之人丁大旺富冠一邑此地諺云獺趕鯉魚走走到汪坑口有人塟得著量金須用斗

左格係劉震夫祖地也賴公指而未塟其僕爲劉私下之誤向辰峯賴公記曰好向空夸却對峯他年莫道我

奉天關東印書館排印

無功爲官必定因妻顯得意濃時却中風葬後震夫因
妻官尚書遂中風卒賴記果驗

貪朝誤向

奉天關東印書館排印

貪案誤向

宜卯向
誤向寅

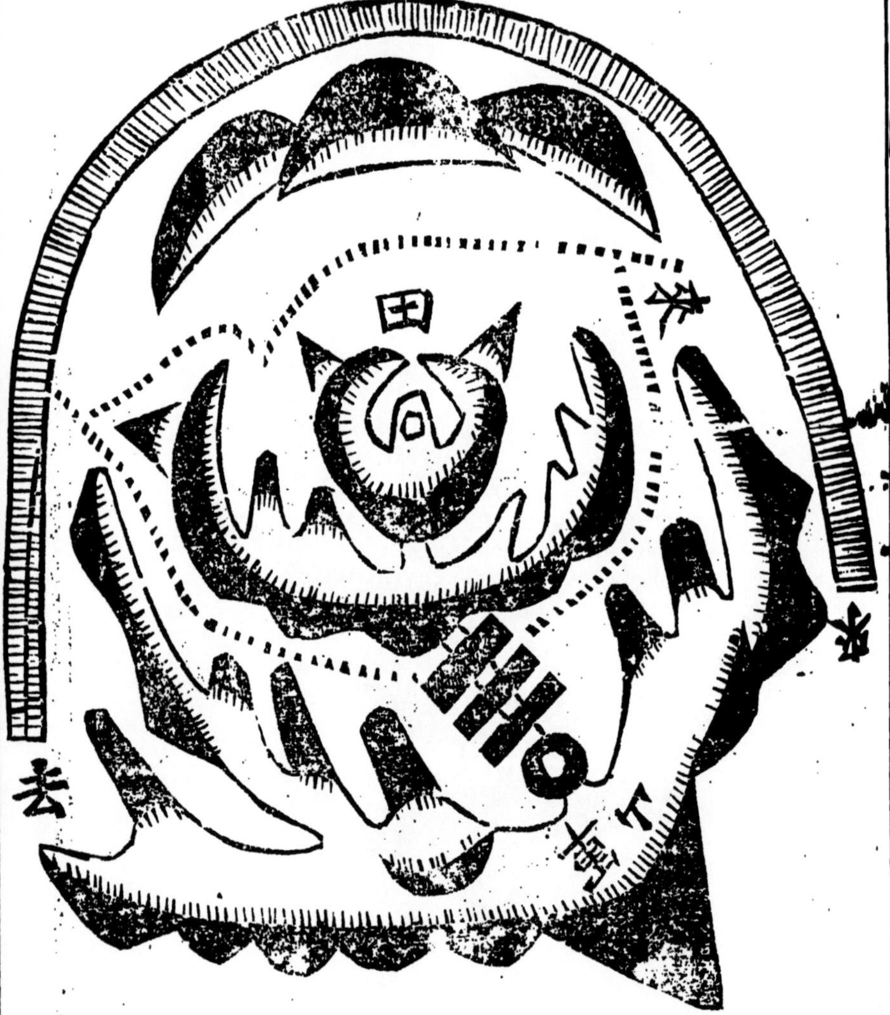

右格在樂平縣軍山劉漢四祖地也其龍自平坂崛
起高山雄冠一方橫展大帳十餘里正脉中抽復跌
落平岡成王字龍格入首頓起金星垂乳結穴龍虎
彎抱前案端肅廖公扦卯向乘氣饒減得法劉謂案
不甚正自立艮寅向廖公記云軍山帳下王字龍武
公大座勢崢雄我塟定產王侯扶聖主彼塟應出草
寇不善終後出漢四弟兄八人事陳友諒封萬戶侯
不克令終果如課言

奉天關東印書館排印

此以上二地爲官不絕發福不永皆誤向朝案之過特錄之以爲妄貪遠秀者戒耳吾嘗見時師多中此病其破此迷病也可

官鬼曜樂（樂音祿）

官鬼曜樂者即正穴前後左右之餘氣山也正案背後星辰倒地者謂之背面官豎起者謂之現世官左右砂肘生角向外者謂之曜穴星後逆拖者謂之鬼兩條三條彎抱者名孝順鬼穴後隔水之護纏謂之托特趨方

圓高大之山穴塲正坐者謂之樂橫結若無鬼樂則穴
後空飲必主敗絕鬼撑宜短不宜長長則盜洩穴氣名
爲刼龍大凶經云問君何者謂之官前案背後逆拖山
問君何者爲曜星龍虎肘外爪牙生問君何者謂之鬼
巒頭腦後拖餘氣問君何者謂之樂後山高聳將穴護
是也

樂山證穴

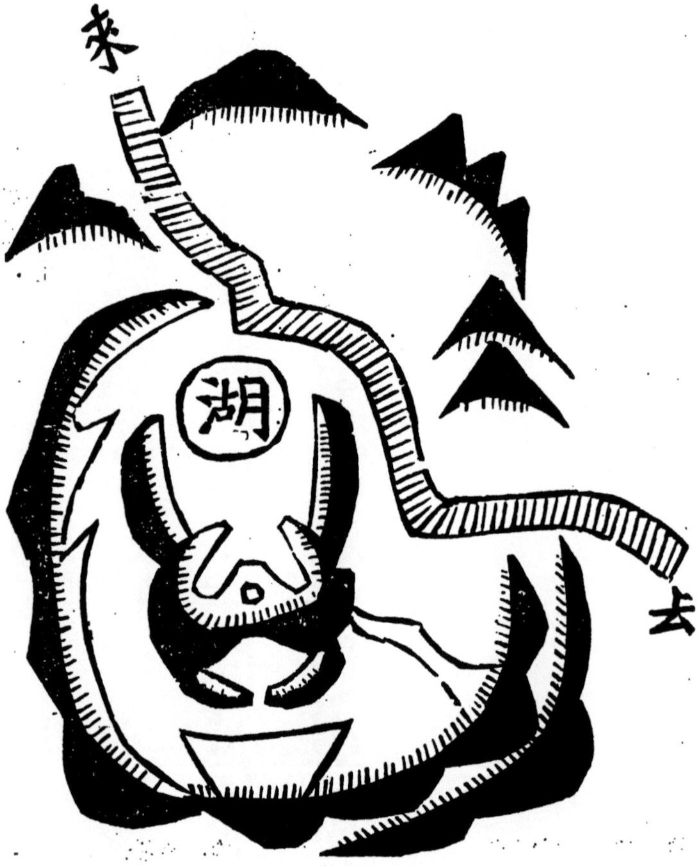

右格在廣信府新潭丁知府祖地也其龍逆水上奔

飛蛾入首脉如生蛇金水天財結穴穴後樂山特峙
面前湖水聚注龍虎彎抱曜星直長𦶜後出丁洪登
進士官太守富貴雙全

鬼星證穴

右格在婺源縣大田寺汪氏始祖塋也其龍遠不詳

迤入首平岡太陰開窩吐唇結穴龍虎彎抱明堂平廣內氣融聚外洋寬暢穴後一脉穿田頓起鬼星以爲横枕足徵穴證葬後出尚書數十人登仕籍者尤多富貴鼎盛

官星證穴

右格在南昌縣梓溪劉氏祖塋也其龍起自帳幕嶺

遠不及逝將入首大斷過峽頓起三台垂乳開窩結穴第青冉龍直竄下關低陷不入俗眼惟前起官星後拖鬼撑足爲穴證託僧所下葬後出進士七人鄉科十三人侍郎副憲布政御史五人秀士百餘人富貴鼎盛

明堂

賦云登穴看明堂夫明堂者王者之堂百官朝覲會歸之所也地理家以穴前聚水之處借以爲名取其光明

奉天關東印書館排印

正大焉凡大地之水有三分三合穴上分水爲第一分至簷下交會爲第一合合處僅容人臥名小明堂最宜平坦切忌傾瀉巒頭後束氣分水爲第二分至龍虎嘴交會爲第二合合處名中明堂（又內明堂）後龍過峽分水爲第三分至面案內外聚會爲第三合合處名大明堂（又名外堂）內堂宜緊聚緊聚則龍氣凝注訣云明堂如鍋底富貴世無比是也大堂宜開朗開朗則局勢舒暢塋經云明堂方廣可容萬馬是也穴低堂近當

代即發宂高堂遠初代不利吾因酌取明堂吉凶十二格詳列於後

吉格

大會 千山萬水團聚一處

朝進 萬頃田源汪洋特朝

融聚 堂如鍋底水聚天心

交鎖 兩砂彎抱水去之玄

平坦 汪洋砥平

寬暢 堂局開展前有近案

凶格

刼殺 砂水冲射

逼窄 堂局促狹

壅塞 墩埠亂雜

奉天關東印書館排印

傾瀉頓跌斜流　反臂形如反弓　曠野四堂空闊

水法

龍者水之君氣者水之母水交合則龍氣住水飛走則龍氣散水融注則龍氣聚外水不及內水親明朝不如暗拱吉凡澗溪溝洫之水來宜屈曲去要之玄面前喜彎抱囊注澄清田源之水來處宜寬濶謂天門開去處宜窄狹謂地戶閉面前宜平坦廣聚如此則吉反是則凶凡龍順水而來穴必逆水而結方有力有勢來水之

處決無結作賦云窮源僻塢決無眞龍是也去水之處不可扦穴廖公云第一莫下去水地立見退家計是也蓋朝水最喜田源橫寬若溝渠一線必須彎曲切忌直射倘得九曲朝堂官至極品來水務要到堂不可入局即反尤宜入口流至下砂爲貴但大地面前每有橫砂遮蓋其水多在橫砂之外則又不以此論且水聲猶關禍福聲如鐘鼓響喨者主富如環珮丁東者主貴淒切悲泣者主災厄急流激湍者主凶禍水城有五金形圓

奉天關東印書館排印

水形曲土形方三吉也火形尖木形直二凶也吾復酌取水法吉凶十八格詳列於後

吉格

御堦 田水如倉板一級低一級特朝

入口 水已到堂流至下砂攔截之處

融瀦 明堂如掌心四時常聚水

迴流 旋轉迴遶去而仍留

拱背 纏穴玄武

衛身 湖中結穴四面皆水

九曲 朝水九彎九曲到堂

鳴珂 水流石上滴音清亮

盪胸 朝水自小而大穴高爲盪胸吉穴低爲瀑面凶

凶格

漏腮 穴旁泉流

牽鼻 元辰斜流

反跳 水到穴前反流而去

衝心 朝水直沖

射脇 水射兩脇

抱頭 穴低無龍虎水抱裹左右

漏槽 穴下直槽

割脚 砂脚斜流

穿背 兩砂身上水穿成槽

左格在樂平縣土名洋源汪氏祖地也其龍入首翻身逆結倉板水朝乃催富地也董德彰下課云半夜敲門送契來塟後週年汪氏驟發相傳汪氏表叔富而無子其姪忤逆難以承繼故半夜敲汪氏之門將

奉天關東印書館排印

田契盡付汪氏因而驟富果符半夜送契之言

朝水格

下砂

凡砂在來水邊爲上手在去水邊爲下手最喜高強尤
貴逆抱切忌短縮順水四神口訣云欲知結穴穩不穩
且看下關緊不緊下砂收盡源頭水兒孫買盡世間田
天機云看地如何富下砂重重顧看地如何貧下砂順
水奔是也

羅城

凡大地砂水案堂之外四面山環周圍無缺登塲觀之

如羅圓如城衛故日羅城城上星峯方圓如倉庫厨櫃堆錢等形主富星峯尖聳如劍印文筆冠盖等形主貴如弓矢干戈前列者武職如樓台旗鼓玉屏前列者京官星峯秀麗異常應在食祿之方若龍尊貴而城缺陷者主科名大而官職小或貴而無位或爲官不終龍微弱而城高强者主科名小而官職大或白衣奉詔或納粟成名寄語時師須將迷夢醒醒醒眼看明

分野

子

齊國青州斗二十二度至虛七度今山東濟南東昌青州登州萊州

丑

吳國揚州箕初度至十二十一度江南江西浙江福建廣東廣西之梧州

寅

燕國幽州氐十七度至尾十四度今北直順天保定河間永平朝鮮

卯

宋國豫州角八度至氐十六度今河南豫州與江南徐州

辰

鄭國兗州翼八度至角七度今河南開封及汝寧府

巳

楚國荊州星五度至翼七度今湖廣廣西廣東之廉州貴州及銅仁黎平

奉天關東印書館排印

午 周畿三河井二十七度至星四度今河南之洛陽南陽湖北之鄖陽襄陽隨州

未 秦國雍州參七度至井二十八度今陜西雲南貴州南半入於四川

申 晉國梁州昴二度至參六度今山西太原平陽遼心潞澤四州

酉 趙國冀州奎九度至昴三度今北直之正定順德廣平山西之大同

戌 魯國徐州室八度至奎九度今山東之徐州兗州

亥 衛國幷州虛八度至室七度河南之衛輝彰德懷慶府北直大名府

水口

水口有遠近大小羅城門戶出水處此大水口也內局門戶出水處此小水口也總以窄狹屈曲爲美牙錯劍交爲貴水口之山總要禽獸羅星鎭守爲上華表北辰日月捍門爲尊夫禽獸華表居水口出翰林卿相北辰日月居水口主聖賢禁穴再如日月反背主出王侯公卿經云問君何者謂之禽龜蛇遊魚水中生問君何者謂之獸獅象畜類居水口問君何者謂之螺小石散亂

奉天關東印書館排印

在溪河問君何者謂北辰水口怪石高千尋是也此螺
與羅異螺者亂石堆壘阻塞水口小地亦多有之此羅
即羅喉星或爲巨石或是土堆在水口正中謂羅星捍
門若一邊依山一邊据水謂羅星守垣主出王侯公卿
勳名顯赫幹龍方有枝龍罕見也

泉水

元辰水 此龍虎砂內穴前合襟水是我本身血脉故名元辰必須屈曲彎抱爲美

注脉水 龍脉旺盛穴前秀氣發洩爲泉要四時澄清不涸不流出名士

天池水　山頂有池泉水長注不溢不涸必結大地

沮茹水　此水得雨則盈雨止則涸望之不見踐之則濺掘之即流是也

泥漿水　四時泥濁出人昏愚

臭穢水　此牛泓猪涔腐臭成漿腥穢難聞陰陽宅最忌

醴泉　此水味甘如醴聖人在上醴泉始出非徒龍氣旺盛山川鍾秀

香泉　此水味美氣香四時澄清不盈不涸主出聖賢名世

奉天關東印書館排印

溫泉　此下有硫黃礬石其水沸熱無融結

湧泉　此水自地中湧出噴沸起泡無融結

漏泉　此水點滴滲漏入地即沒土虛陷無融結

濺泉　此水出竅入射冷洌非常最爲凶惡

礦泉　此水色紅下必有礦掘礦則傷殘龍氣也

銅泉　此水可浸鐵爲銅色類胆汁無融結

⿰山坐泉 此孕育蛟龍之窟天旱祈禱即應鬼魅之地無融結

瀑泉 泉水飛流形如白刃聲如擊鼓大凶居水口名掛劍主出名將

諸砂貴賤

砂者穴前後左右山之總名非龍虎砂也何野雲曰但把諸砂覆歸墳禍福應如神廖公曰龍如上格砂如下富貴無聲價後龍微弱好前砂福蔭外甥家總以近穴爲主尖圓方正者爲吉破碎崚嶒者爲凶清秀者主貴肥滿者主富偏斜者主賤也然亦不必拘定賦云龍神

奉天關東印書館排印

若貴殺刀化作衙刀本山若賤文筆變爲畫筆誠哉是言也

左格在樂平縣陳家源許氏祖地也令字旗形廖金精下課云十里迢迢遠來龍亥上盤秀峯辰方立吉水凋中旋若問前程事爲官鎮大藩時有巒師曰砂是斷頭廖曰我斬他人頭巒師曰牢獄山現廖曰赦文水朝葬後許氏官藩臬專殺伐果有我斬他人頭之應

龍貴砂賤反凶爲吉

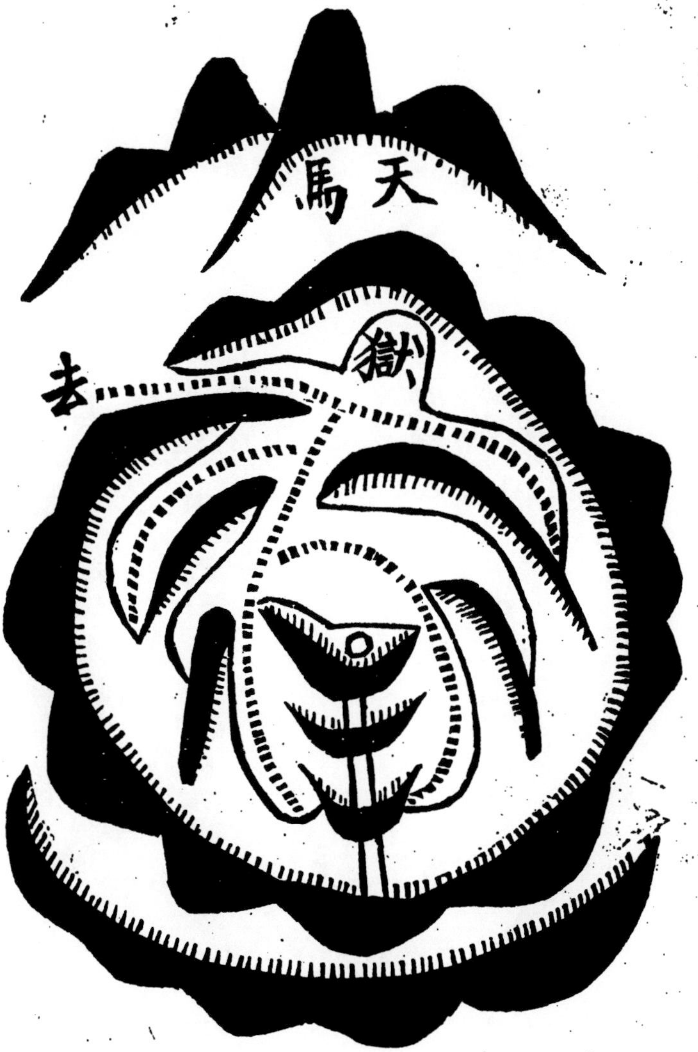

奉天關東印書館排印

龍樓鳳閣

木星居水星之上火星之下重重相生主貴

龍樓寶殿

火星一排横列中有獨高者曰龍樓齊平者曰寶殿主貴

龍車

象天子之車主至貴

鳳輦

此金水星開尖翼中立木星出女貴

玉堂貴人

火星連氣橫列下有木星森立主出翰林卿相

玉堦貴人

七星重疊如堦級上有木星卓立丰顯貴

玉堂金馬

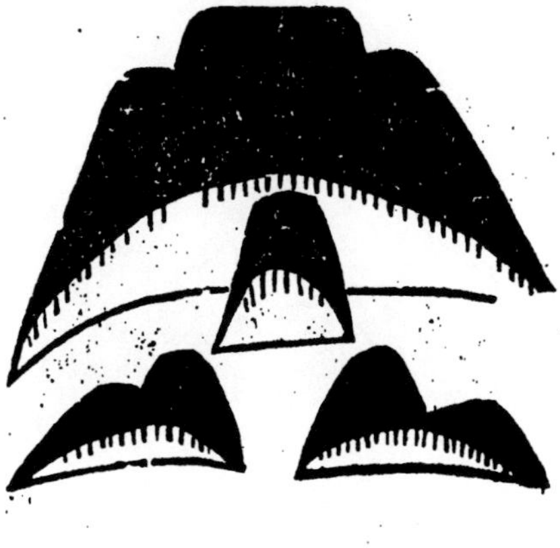

木星後有玉座前有兩馬排列主出翰林卿相

玉座貴人

木星上有幞頭主爲帝王之師

奉天關東印書館排印

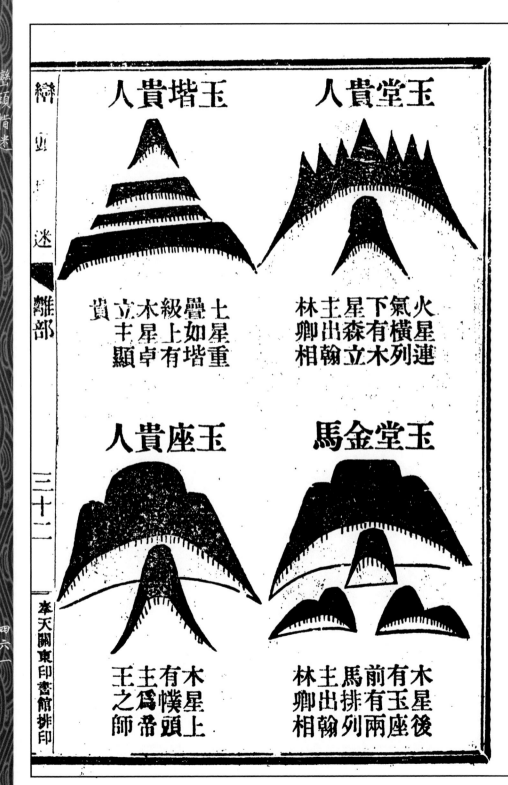

玉屏貴人

木星居土
星之下名
玉屏貴人
主爲師保

仙橋貴人

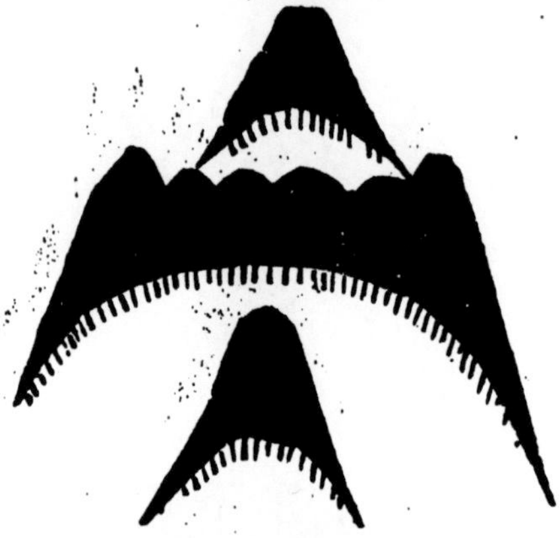

水星橫列
兩脚獨高
名爲仙橋
木星在上
名爲橋上
貴人木星
在下又爲
帳下貴人
出狀元宰
相神仙高
士

龍門貴人

兩旁水
星大小
均匀木
星中立
主出少
年及第
文武全
才

馬上貴人

天馬上
木星卓
立主出
狀元神
童文武
雙全

捧誥貴人

木星卓立凹腦土星傍之主受皇恩寵榮

展誥貴人

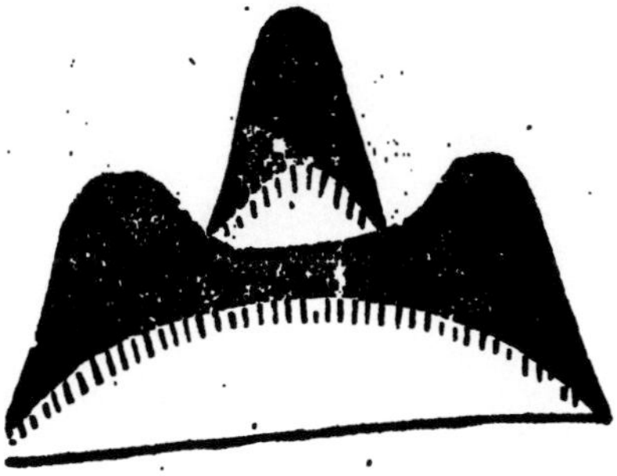

凹腦土星橫寬中有木星在上主受頒詔寵錫

披髮貴人

木星頭正身斜拖火脚數條主文才冠世職掌兵權

按劍貴人

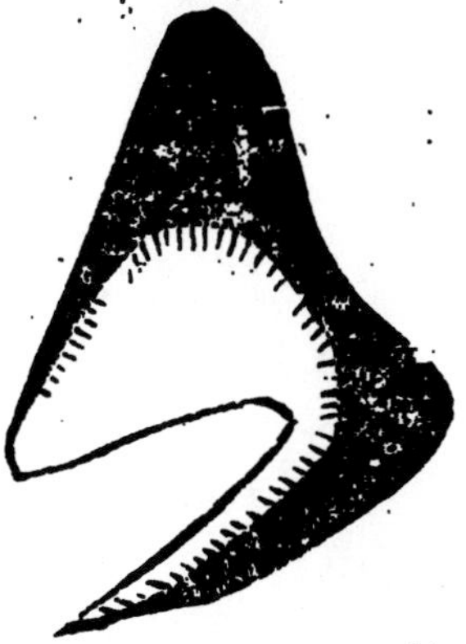

木星山脚拖尖利之砂倒地逆抱主文掌殺伐武專征伐

奉天關東印書館排印

觀榜貴人

水星聳齊為榜，木星傍邊卓立為觀榜，主少年登科。木星在水星之脚下為落榜，主屢試不第

侍講貴人

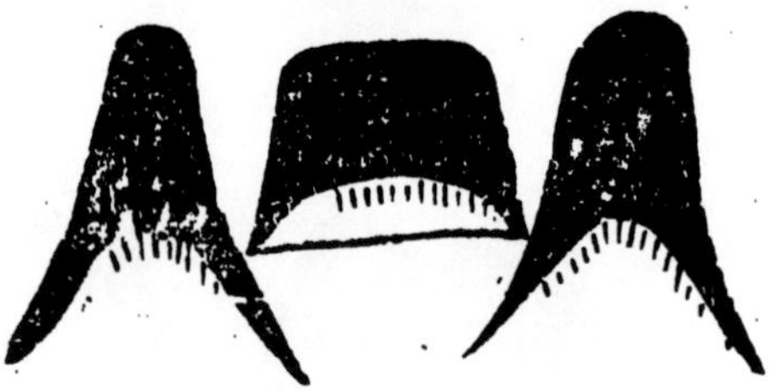

土星方正低小者名講書，兩邊木星卓立者名雙童侍講，主出經筵講官

天葩文星

花發五蕊，此木星之至秀極貴者，必須中有圓泡，主狀元神童文章冠世。若一概直條似梳倒地，則謂降節，出僧道

蛾眉文星

太陰金星彎巧形，如初月端正清秀，主出女貴

雙薦貴人

兩木星並立大小同等主兄弟同榜若一高一低主叔侄兄弟先後成名

三台文星

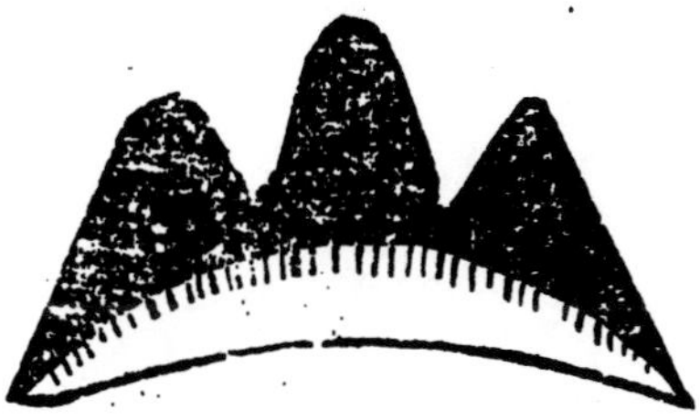

三星橫列大小相等形如筆架爲三台木星橫列名一字文星主狀元宰相

狀元筆

火星立於土星之正中名狀元筆立於土星之角上名宰相筆三火立於土星之上端正均勻名三公筆主出王侯公卿位極人臣

彩鳳筆

火星插天下有從山勢如彩鳳騰霄主出神童狀元

奉天關東印書館排印

進田筆

火星倒地尖利逆水者爲進田筆主催富尖利順水者爲退田筆主敗家

文筆

火星尖秀卓立爲文筆頭開必者爲訟筆偏斜不正者爲畫筆

火星高聳開脚飛揚者爲頓旗主威鎮邊庭火星卓立開脚逆水者爲勝旗出開國元勳頭偏身斜嵯峨帶殺者爲賊旗出叛逆賊寇若旗頭倒地破碎曲動頭脚逆水者爲敗旗頭脚順水者爲降旗主辱國遭刑

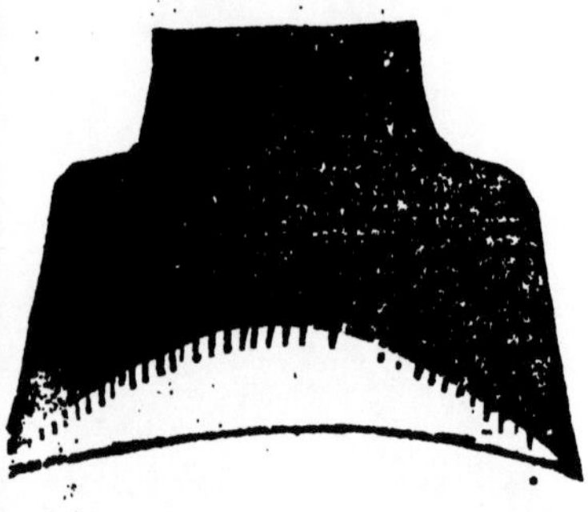

土星中高兩肩低平形如凸字高大爲帝座主皇親國戚低小爲幞頭主公侯將相

天馬　　狀元旗

天馬頭高尾低身凹主出鼎甲藩鎮
兩馬之尾相並名交馳馬主兄弟叔
姪同科若拖脚尖利向外者爲出使
馬拖脚逆轉者爲回頭馬主出使外
國得功馬身有摺者爲帶甲馬馬脚
飛揚者爲帶旗馬主威震邊庭

連氣木星排列高低有序身是水體
脚下帶蛾眉文星總以清秀爲貴

奉天關東印書館排印

御屏講書

土星高大者爲玉屏低小者爲講書主出東宮侍講高長卓立者名丹詔主催官

御傘

水星高大兩肩下垂中有浪痕主出清貴

玉几

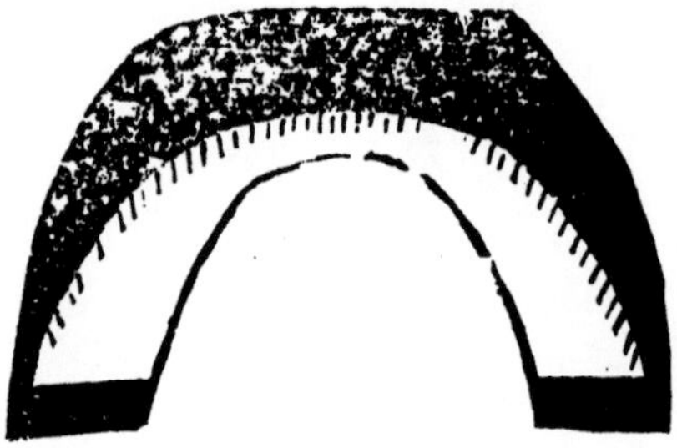

此星頂平開脚齊整形似半圈至貴

敕文

土星角圓身肥爲官永無凶禍

席帽

金水星不開脚爲席帽出州縣清廉開脚爲唐帽出佐雜之官

頓鼓

高大金星頂平身肥主出武貴

軸誥

凹腦土星名軸誥腰長爲展誥兩角有金星爲軸誥開花主鼎甲國婚之貴

踏節

木星五個以上排列豎起者爲踏節出狀元神童兄弟同榜倒地似梳者爲降節出僧道通仙在一旁橫列者爲旌節主威鎮大藩

奉天關東印書館排印

堆甲

小山自平岡重疊而出堆堆纍纍主汗馬功勞

堆錢

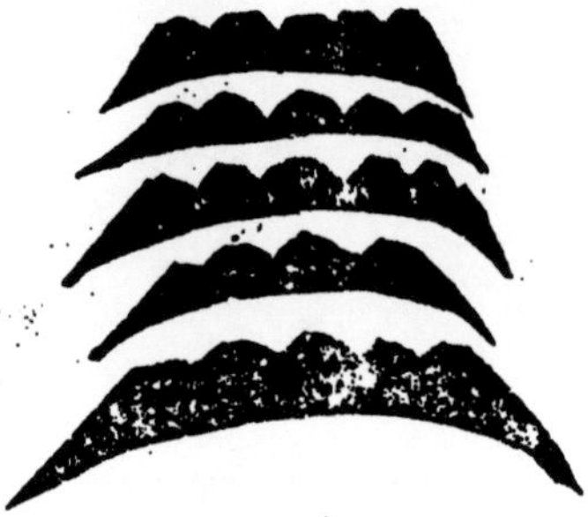

小山光圓重重疊疊兩頭拖帶下垂主富

倉庫廚櫃

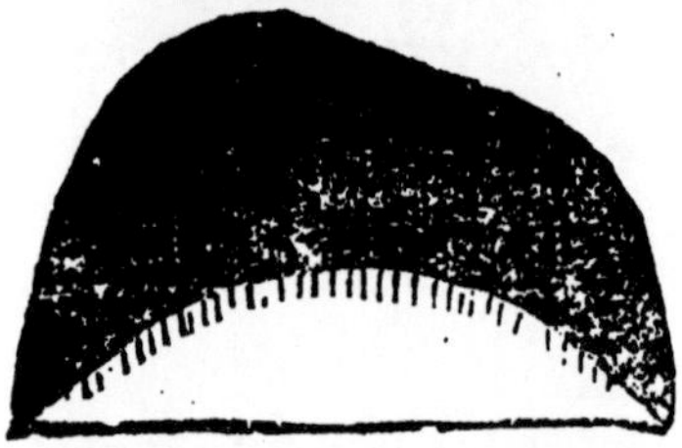

凡金土合而成形肥滿不方正者爲倉小者爲庫廚櫃皆是土星則當統論廚櫃形似玉屏但玉屏面平廚櫃面飽也主巨富

以上諸般貴砂上格龍極發下格龍降等

香爐

金腦土體不開平面主出僧道

掀裙

金星開脚向後反扯出人淫亂

獻花

金星開脚有數條水路主婦女淫亂

奉天關東印書館排印

探頭抱肩

大山頭偏
身斜外有
小山相挨
爲抱肩主
男女淫亂
山外有山
微露頭頂
斜視爲探
頭出盜賊

提籮

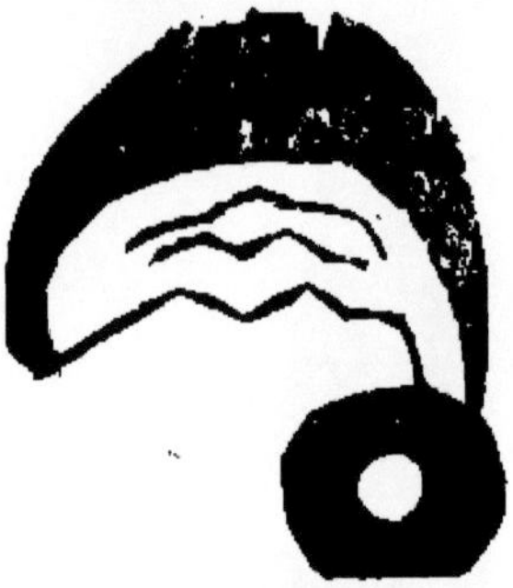

面山拖脚
脚頭生一
圓堆如手
提籮主出
乞丐餓死

牢獄

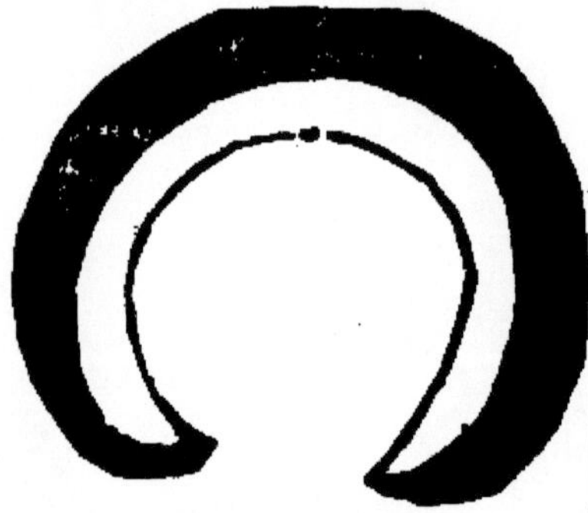

金星開空
窩圓大如
圈主牢獄
囚死

流屍

砂似人倒
地頭腦順
水主溺亡
客死

砂有千形萬狀固不止此數十餘條余但取緊要者載之其餘不贅且總以成形成象者貴而吉不中不正者賤而凶也廖公云砂分貴賤千萬形皆由九變生在人目巧與心靈任意去稱名誠係確論

堆阜吉凶

凡堆在砂外右爲印星（主出官貴）左爲藥包（主出醫人）堆在砂內名抱兒煞（若自外來者主抱他人子若自內生者主己子出繼）堆在穴前名墮胎煞堆在

奉天關東印書館排印

案上名香爐山堆在明堂方圓光淨謂印浮水面堆在
案下破碎凶惡名患眼山若穴向離方對面有凶砂惡
水亦然蓋以離爲目故也

風水白蟻

平原無風山谷有風高處風散低處風緊惟忌兩山相
峙中夾一條空槽謂之凹風洞風此風最烈主絕嗣敗
家若橫直射穴决主翻棺覆槨風在穴左右水蟻侵左
右棺先壞左右地屬純陰純陽不受風則有水無蟻受

風則水蟻兼有純陽受風水先生蟻後生純陰受風蟻
先生水後生四圍有草墳獨無蟻必滿槨四圍無苔墳
獨有水必盈棺犯者則當改墓叉有木根穿棺以及鼠
蛇狐狸諸般野物皆墳墓之大害最急宜驅逐

地無全美

混沌初開天陷西北地陷東南是天地造化原無全功
故地理生成亦無全美賦云山川有小節之疵不減眞
龍厚福彼俗師管見往往以砂水小疵而棄大地是誠

難與言也賦又云土有餘當闢則闢山不足當培則培
壅經云目力之巧工力之具趨全避缺損高益下蔡氏
云山川之融結在天而裁成在人是皆言地無全美貴
於裁剪培補也凡大地龍眞穴的而砂有小疵則直者
宜裁之使曲尖者宜剪之使圓嵯峨巉巗者宜鋤之使
光淨破傷缺陷者宜培之使平滿則天工人代而地道
備矣

壅有三凶

一點穴有失二立向有差三年月日時不利葬經云地吉葬凶與棄尸同賦云地雖吉而葬多凶終無一發是也

三不起

一墳有旺氣雲蒸霧靄一墳生紫草樹木森秀三墳土凝結明潤堅實此皆決不可起

五不葬

童山草木不生斷山龍脈鑿斷石山頑石無土過山龍氣未住獨山四應無輔

奉天關東印書館排印

修德獲地

雪心賦云大地爲鬼神所司善人乃天之克相又云欲求滕公之佳城須積叔敖之陰德蓋人欲獲吉地須以修德積善爲本若績溪張氏陰騭地洵爲確證

陰鷺地

右格在績溪縣東十里橋張九朝𦘕父地也其龍來遠不可勝述將入局頓開水星大帳帳中冲天木星數座跌斷出脉逶迤精巧陡起天然木星全身石體穴結山頂帳脚環抱面前以爲龍虎大溪橫遶秀峯羅列俗呼照天蠟燭形

相傳張九朝在路旁登厠厠內見一布包有大銀二十錠碎銀一封料是商人所失遂書招字于厠次日失主見字至家願分一半張決不取夜夢神人曰汝

有陰功天與吉地可往十里橋遇之天晚至橋坐候見有二人扭一人要穀債一人曰此處我有山一所情願抵還二人不受張與銀買之徧請地師皆不識穴朝日還是我之德薄也又修造橋路三年其妻夢神人曰照天蠟燭穴居巔張即往山察之果然因塟父于高頂富貴雙全

起攢良法

凡起攢棺木朽壞骨骸全在棺底上須將棺底抬起放

奉天關東印書館排印

入新棺內棺底若大可將四圍裁去則骨骸不動斯爲上法棺底若壞必先作一薄木板用布二幅縫之釘在板底上兩傍着人扯着布邊一人在後掌定木板從舊棺底自後向前攛去將骨骸屍土俱托到木板上放入新棺內爲妥近時不知此法嘗用手撿骨骸萬難全備被孝子慈孫不惟于心不安而且抛骨遺屍罪莫大焉

陽基切論

陽宅形勢與陰地理同但穴塲開濶龍虎雄昂手足向
內即是惟要穴低最喜近水明堂窩聚外陽開暢水源
長大下關緊閉斯爲美矣凡修造宅舍以牆屋整齊不
空不缺爲上開門總宜正向向正則氣順面前若有凶
砂惡水不得已而開斜門必須形勢合法不可專論元
運與八宅也其陰溝放水宜之玄傍出忌一邊直流經
云水去之玄不問方是也蓋富貴貧賤出自地理宅門
水路俱是末節惟修造之事宜山向方位年月大利纔

好此屬格言餘不多贅

興周賢契贊修書成特褒獎讚詞

賢契姓劉　號曰興周　熊岳居處　奉天來遊

看我著書　替我校讎　風雨不悞　竭力贊修

吾門勝友　未如此徒　守先待後　萬古名留

契侍生逸仙明極子贈

中華民國十五年丙寅重陽日七十四叟於奉天讚書

巒頭指迷離部終

巒頭指迷坤部

賴布衣本天星著作　　　　棗陽何廷珊玉册註解

尹鐵筆撥地氣改正　　　　盖平劉鳳岐興周匯輯

　　　　　　　　　　　　瀋陽王來順東垣編次

　　　　　　　　　　　　雙陽劉惠鈞本衡贊修

　　　　　　　　　　　　鐵嶺李德坤馨齋參訂

催官篇論

福不得天時而不發官不得地利而不催夫所謂得天

奉天關東印書館排印

時者何取天星正運於向上所謂得地利者何收天星正氣於穴中然向上得正運成三元不敗之局而穴中得正氣蔭百代不散之靈所以書曰厥既得卜詩曰卜云其吉此皆合天時地利兼而言之也若人與天地參倘能得天時地利之氤氳又何患不產人傑哉故葬乘生氣歌云葬者原是乘生氣骨埋下土蔭遺體僧道抱養非親生如何發福理無異人家生出富貴子原得山川靈秀氣山川靈氣鍾亡人有所感者即有應嗣續祀

事烟火明呼吸相關同氣親亡者來格而來享山川靈秀蔭嗣孫君今但就花木看他枝接在此樹間本質原來不同種精脉相貫花果鮮格物窮理有明證承繼親生總一般自此以觀而挨加乘氣之言洵非河漢不然者則天爲空廓地爲槁壤人爲寄生三才不相需而相悖分路揚標各立一體何以宏化育而庇後裔蓋因死者無權反氣入地爲復命人若於生者復命爲仙於死者復命爲靈陰陽相摩育產人文庶一覽盤式即明矣

奉天關東印書館排印

天星挨加盤式

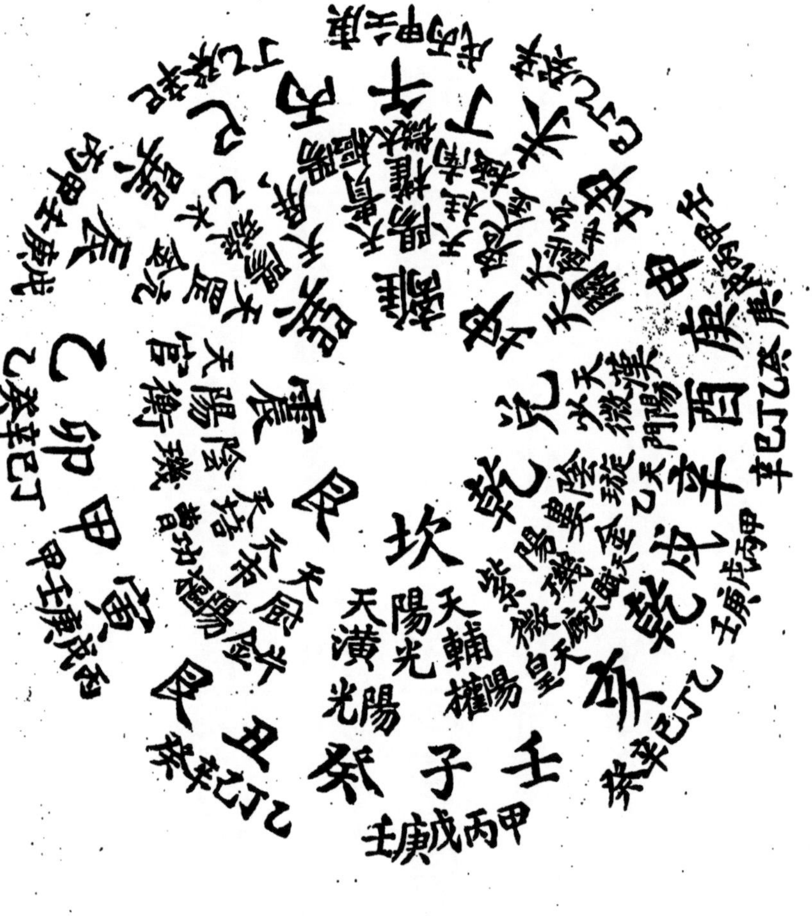

依盤指明二十四龍正氣以便挨加之用

壬龍丙子正氣　子龍庚子正氣　甲龍己卯正氣
卯龍癸卯正氣　癸龍丁丑正氣　丑龍辛丑正氣
乙龍庚辰正氣　辰龍甲辰正氣　艮龍戊寅正氣
寅龍壬寅正氣　巽龍辛巳正氣　巳龍乙巳正氣
丙龍壬午正氣　午龍丙午正氣　庚龍乙酉正氣
酉龍己酉正氣　丁龍癸未正氣　未龍丁未正氣
辛龍丙戌正氣　戌龍庚戌正氣　坤龍甲申正氣

奉天關東印書館排印

申龍戊申正氣　乾龍丁亥正氣　亥龍辛亥正氣
以上二十四龍之正氣俱一一指明猶恐學者誤
以賴盤之挨星認爲蔣盤之挨星則指鹿爲馬
不惟不能得正氣而且迎殺氣縱獲吉壤葬之
何益余不忍不辨故復詳指其迷
辨曰人不得正氣難以滋長龍不得正氣難以發榮夫
所謂正氣者即所謂春氣也邵子云天根月窟常來往
三十六宮都是春是也相地者果能將正氣收入穴中

使穴中融融和和聚一團春氣則死者受蔭生者自然獲福天元歌云精魄苦樂人不知但看子孫受禍福是也若不細將賴盤蔣盤之挨星明辨猶如夜入幽谷一物無所見一步不能行者焉盖蔣註地理辨正諸篇盡是謎語未有明言不惟使孝子仁人無所措手且反令江湖遊串藉口行奸余曰大道爲公本宜大同彼曰天機洩漏恐遭天譴余曰相地是與人爲善天豈阻人行善哉乃猶曰遭譴是盖使世俗騖而欲從中漁利也竊

奉天關東印書館排印

余自得傳後急欲將眞訣傳於其徒使人人共登仁壽之域處處都成堯舜之天賴盤蔣盤冰釋渙然將一則瞭如指掌一則朗若列眉俾盡知蔣盤挨星以坐山入中宮順逆飛到向上取當令之星遙遙照應可以轉禍爲福知賴盤挨星以來脉入中宮偏正收入棺內取正氣之星隱隱交會可以化凶爲吉似此辦理余心稍慰又焉敢默而不宣啓後學之猜疑兄相其陰陽詩脉幽風卜彼瀍澗書詳洛誥再上溯仰觀俯察更載之於周

易地理之學非自今始矣如不肯洩漏天機何以知幽明之故何以知死生之說何以知鬼神之情狀余抉破僞術獨標眞義決不欲立宅安墳害如猛獸洪水因並將賴公所著與尹公所改之龍向錄之於左註解分析有識者遵道而行或不致誤入迷途矣

亥龍丙向

賴著尹改曰　催官天輔穴天皇右耳接換左微加乾子孫朝班列

註解

查天輔是盤中之壬天皇是盤中之亥如亥龍右落結壬穴丙向兼巳而挨左穴微偏右而加乾取辛亥正亥之氣貫右耳主催貴若立丁向亦吉昔厲詔伯有曰先將子午定山岡次把中針細較量再加三七與二八莫向時師說短長訣云後看來龍前看向挨加要得當外兼羅盤內兼穴莫與俗師說此即賴公坐穴乘氣挨加之法也凡龍脉入穴有正有偏點穴

必須在八尺之內左右加減一二分使正氣貫入棺中發福無窮假如亥龍壬穴壬之左是子乾隔亥在壬之右其挨左何以加乾乎殊不知壬穴的是丙向丙兼巳一二分於棺脚略迎左而棺頭自枕右則右耳微乘乾氣故吉查平分透地龍辛亥是正亥己亥係五壬五亥將穴微偏右點取辛亥正亥之氣貫右耳略粘己亥半分故曰微加乾也余恐學者不知因特立亥龍丙向之圖於左以便考核餘可類推

奉天關東印書館排印

亥龍丙向證穴

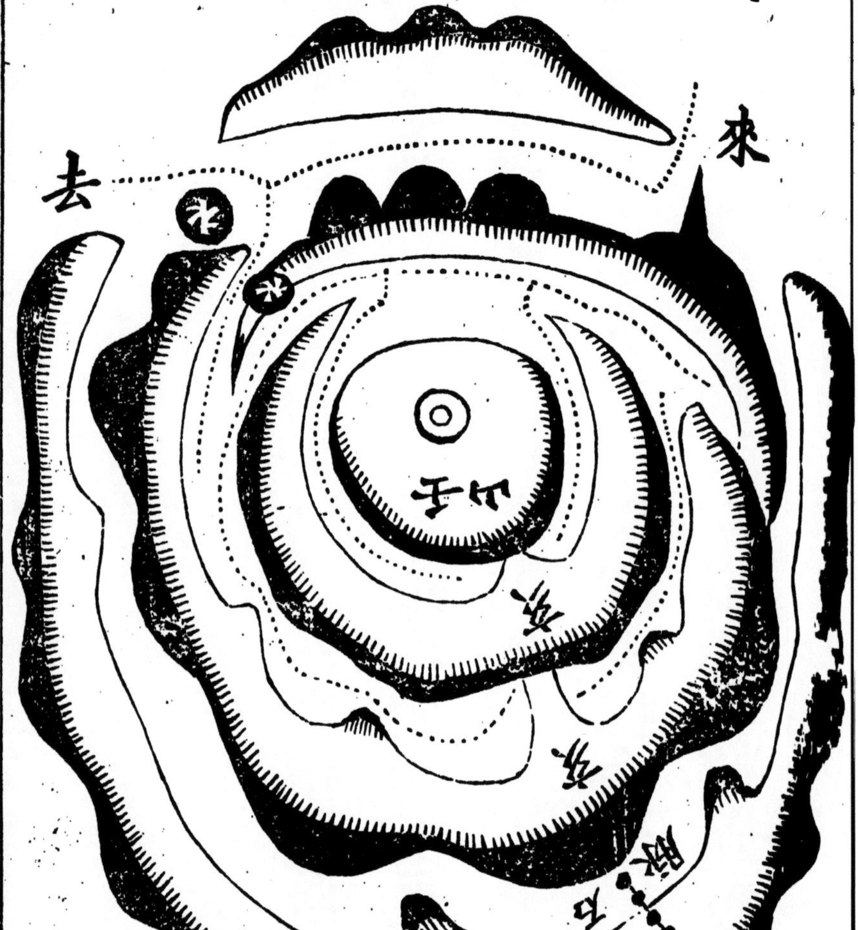

右格在德安府木蘭山南劉氏祖地也其龍自大洪山五峯頂起祖綿亘數百里拖落平岡活潑異常將入局聳起龍樓寶殿橫開雲錦大帳從帳中星頂抽出石脉五節圓潤如珠名爲異骨此得天地正氣最貴及入首又頓起寶蓋三台橫開梅花大帳帳脚彎抱穴前爲龍虎砂復從帳中星頂抽出土星一座又從土星抽出金星成大突開窩結穴登塲觀之上接來脉秀麗下據唇氈兜趨羅城周密水口緊閉自明迄今多發官貴推原

其故皆因坐穴乘氣挨加得法之故耳然有此一圖其餘可觸類旁通矣彼俗師不知此義僅於羅經上論某山某向兼某字分金謂之三七二八不幾如隔山喚羊而喚不回哉余嘗有一律云青囊徹底抉根株幸遇眞傳得正途十載寒窗窺北牖一輪明月見西湖轉移造化無他道補救乾坤在此圖奇耦演成天地數陰陽爕理有何孤又從而歌曰打破陰陽太極圓妙用全憑顛倒顛果使枯骨吸正氣能教滄海變桑田不醒終是人

中鬼醒來便是地上仙倘如識得挨加法普通都上救生船人若能識此義則造化在手轉移隨心翻天倒地無所不能洵可謂陸地神仙矣以下龍向挨加均照此法可以不必復贅

亥龍巽向

賴著尹改日　穴坐天廐星挨右加壬行抗陽空爲吉左乘官貲榮

註解

查天廐是盤中之乾抗陽亦是盤中之乾如亥龍左落結乾穴巽向兼巳而挨右穴微偏左而加壬取辛亥正亥之氣貫左耳主催貴蓋因不犯巳亥之乾氣故也若立丁向亦吉

壬龍午向

賴著尹改曰　面九乘天輔氣從右耳入挨左加天皇

榮華振鄉土

註解

查九是盤中之午天輔是盤中之壬天皇是盤中之
亥如壬龍右落結子穴午向兼丙而挨左穴微偏右
而加亥取丙子正壬之氣貫右耳主富冠一邑
壬龍坤向
賴著尹改曰　壬龍穴天市天輔冲右腧挨左侵紫微
連登科及第
註解
查天市是盤中之艮天輔是盤中之壬紫微是盤中

之亥如壬龍右落結艮穴坤向兼未而挨左穴少偏右而加亥取丙子正壬之氣貫右腧且穴內有紫微星照主兄弟叔姪連登科甲

壬龍乙向

賴著尹改曰　面向天官星氣從左腰奔挨右加陽光富豪人俊英

註解

查天官是盤中之乙陽光是盤中之子如壬龍橫落

結辛穴乙向兼辰而挨右穴微偏左而加子取丙子正壬之氣貫左腰主出經天緯地之人秉一腔正氣富貴不淫

子龍坤向

賴著尹改曰　陽光穴天市氣自右耳旋挨左加天輔六指多田園

註解

查陽光是盤中之子天市是盤中之艮天輔是盤中

之壬如子龍右落結艮穴坤向兼未而挨左穴微偏右而加壬取庚子正子之氣貫右耳主出人手大指多能掌巨富而且英豪

癸龍午向

賴著尹改曰 陽光向炎精左耳乘氣淸挨右微加牛袞衣襲簪纓

註解

查陽光是盤中之子炎精是盤中之午牛是盤中之

丑如癸龍左落結子穴午向兼丁而挨右穴微偏左
而加丑取丁丑正癸之氣貫左耳主出狀元神童才
略冠世若丑龍丙向亦然

艮龍丁向

賴著尹改曰　催官穴坐癸天市左耳冲挨右加天培
晝錦位三公

註解

查天市是盤中之艮天培是盤中之寅如艮龍左落

奉天關東印書館排印

結癸穴丁向兼未而挨右穴微偏左而加寅取戊寅
正艮之氣貫左耳主官至極品名揚中外
艮龍丙向
賴著尹改曰　天市向太微一樞共倡隨禹門三級浪
平地一聲雷
註解
查天市是盤中之艮太微是盤中之丙一樞皆屬陽
亦是盤中之艮丙如艮龍橫落結壬穴丙向兼午而

挨右穴少偏左而加寅取戊寅正艮之氣貫左腰主

白衣而登將相爲開國元勳之人

艮龍庚向

賴著尹改曰　天市坐陰璣氣自右耳吹挨左粘天厨

文武步雲梯

註解

查天市是盤中之艮陰璣是盤中之甲天厨是盤中

之丑如艮龍右落結甲穴庚向兼申而挨左穴微粘

丑而偏右取戊寅正艮之氣貫右耳主出文武全才
成國士無雙之偉器
艮龍辛向
賴著尹改曰　穴坐天官星陽樞右腧奔挨左加牛位
兒孫拜聖君
註解
查天官是盤中之乙陽樞是盤中之艮牛是盤中之
丑如艮龍橫落結乙穴辛向兼酉而挨左穴少加丑

而偏右取戊寅正艮之氣貫右腧主爲帝師王佐天
子下堂
艮龍酉向
賴著尹改曰　陽樞龍向兌乘氣右爲最挨左加天厨
閥閱朱紫貴
註解
查陽樞是盤中之艮天厨是盤中之丑如艮龍橫落
結卯穴酉向兼庚而挨左穴微侵丑而偏右取戊寅

正艮之氣貫右腰主世代朱紫滿門

寅龍坤向

賴著尹改曰　功曹向玄戈左耳乘氣多挨右略加甲及第早登科

註解

查功曹是盤中之寅玄戈是盤中之坤如寅龍左落結艮穴坤向兼申而挨右穴略加甲而偏左取壬寅正寅之氣貫左耳主少年及第名魁天下

甲龍坤向

賴著尹改曰　陰璣穴向坤左乘福如春挨左微加寅
局完家業興

註解

查陰璣是盤中之甲如甲龍左落結艮穴坤向兼未
而挨左穴少加寅而偏右取巳卯正甲之氣貫左耳
主寅葬卯發響應如雷

卯龍庚向

賴著尹改曰　催官穴坐甲陽衡自左發挨右加天官魁將掌生殺

註解

查陽衡是盤中之卯天官是盤中之乙如卯龍左落結甲穴庚向挨右而兼酉穴微加乙而偏左取癸卯正卯之氣貫左耳主出人文掌殺罰武專征伐若立辛向亦出文武雙全之人

乙龍坤向

賴著尹改曰　天官坐天市精氣冲左腧挨右加亢金
富貴人招贅
註解
查天官是盤中之乙天市是盤中之艮亢金是盤中
之辰如乙龍左落結艮穴坤向挨右而兼申穴微偏
左而粘辰取庚辰正乙之氣貫左腧主因招贅而得
妻財致富
辰龍乾向

奉天關東印書館排印

賴著尹改曰　亢金向陽璣氣自右耳趨天官微加乙富貴無了期

註解

查亢金是盤中之辰陽璣是盤中之乾天官是盤中之乙如辰龍右落結巽穴乾向挨左而兼戌穴少偏右而加乙取甲辰正辰之氣貫右耳謂龍朝天門主富貴永遠不敗若立坤向亦吉

巽龍辛向

賴著尹改曰　催官穴坐乙陽璇從左入挨右加赤蛇

宸宮下詔書

註解

查陽璇是盤中之巽赤蛇是盤中之巳如巽龍左落

結乙穴辛向挨右而兼戌穴微偏左而加巳取辛巳

正巽之氣貫左耳主速催官貴連陞三級

巽龍亥向

賴著尹改曰　太乙天屛穴右乘眞奇絕亢金勿加多

奉天關東印書館排印

富貴人俊傑

註解

查太乙是盤中之巽天屛是盤中之巳亢金是盤中之辰如巽龍右落結巳穴亥向兼乾而挨左宍少粘辰而偏右取辛巳正巽之氣貫右耳主出神童蓋以巽爲文曲故也若横落立坤向亦主大貴

丙龍辛向

賴著尹改曰　丙龍穴坐乙靈氣冲左腧挨右少粘巳

富貴世無敵

註解

查靈氣是盤中丙火之陽精丙作乙穴謂木火同明此東南一氣純清也茲者丙龍橫落結乙穴辛向挨右而兼戌穴微偏左而粘巳取壬午正丙之氣貫左腧主富冠一邑貴顯一世若丙龍亥向與巳龍辛向其富貴亦大同小異

巳龍亥向

奉天關東印書館排印

賴著尹改曰　蛇向天門北直受神功烈巽丙皆貫氣
子孫入金闕
註解
查蛇爲盤中之巳天門是盤中之亥如巳龍入首直
結巳穴無論挨左挨右皆有巽丙之氣貫入棺中則
穴內純是文明顯曜定出理學名儒大魁天下爲王
侯公卿世享爵祿
丙龍艮向

賴著尹改曰　太微向陽樞右脇乘無殊挨左加赤蛇人旺積金珠

註解

查太微是盤中之丙陽樞是盤中之艮赤蛇是盤中之巳如丙龍右落結坤穴艮向挨左而兼丑穴少偏右而加巳取壬午正丙之氣貫右脇主丁財兩旺出聰明正直之人

午龍壬向

奉天關東印書館排印

賴著尹改曰　炎精穴天貴氣自左耳聚挨右加南極應得公侯位

註解

查炎精是盤中之午天貴是盤中之丙南極是盤中之丁如午龍左落結丙穴壬向兼子而挨右穴少加丁而偏左取丙午正午之氣貫左耳主位列公侯

午龍癸向

賴著尹改曰　離脉穴坐丁右耳乘炎精微加天貴位

朱紫滿門庭

註解

查炎精是盤中之午天貴是盤中之丙如午龍右落結丁穴癸向兼子而挨左穴微加丙而偏右取丙午正午之氣貫右耳主朱紫滿門人文鼎盛

丁龍艮向

賴著尹改曰　天柱穴坐坤南極右耳奔左陰勿貫穴

布衣著措紳

奉天關東印書館排印

註解

查天柱是盤中之丁南極亦是盤中之丁如丁龍右落結坤穴艮向兼丑而挨左穴微加午而偏右取癸未正丁之氣貫右耳主平步靑雲白屋公卿

坤龍登向

賴著尹改曰　丁穴局周鎖玄戈氣冲左挨右微加申扞下發如火

註解

查亥戊是盤中之坤如坤龍左落結丁穴癸向兼丑而挨右穴微偏左而加申取甲申正坤之氣貫左耳主驟發官貴如火始然

申龍癸向

賴著尹改曰　申對陽光宮左耳氣貫通亥戊微粘穴龍貴家業豐

註解

查陽光是盤中之癸亥戊是盤中之坤如申龍左落

結丁穴癸向兼丑而挨右穴微粘坤而偏左取戊申
正申之氣貫左耳主家資豐富發財悠久
申龍甲向
賴著尹改日　穴坐天漢宮天關氣右冲微加天鉞位
世代受皇封
註解
查天漢是盤中之庚天關是盤中之申天鉞是盤中
之坤如申龍右落結庚穴甲向挨左而加寅穴少偏

右而粘坤取戊申正申之氣貫右耳主世受寵錫簪
纓勿替

庚龍卯向

賴著尹改曰 催官向東震天漢從右進挨左加天關
富貴壓萬姓

註解

查天漢是盤中之庚天關是盤中之申如庚龍右落
結酉穴卯向兼甲而挨左穴微偏申而粘右取乙酉

正庚之氣貫右耳主祿食萬鍾官管萬民若立艮向亦然

酉龍艮向

賴著尹改曰　少微面向艮氣自左耳進略加天乙星文章冠州郡

註解

查少微是盤中之酉天乙是盤中之辛如酉龍左落結坤穴艮向挨右而兼寅穴微偏左而加辛取巳酉

正酉之氣貫左耳主文章大魁天下四海揚名

酉龍巳向

賴著尹改曰　雞到天門啼天廄坐相宜挨左加天漢

馬上錦衣回

註解

查天門是盤中之亥天廄是盤中之乾天漢是盤中之庚雞爲盤中之酉如酉龍橫落結亥穴巳向兼巽而挨左穴微偏右而加庚取巳酉正酉之氣貫右耳

奉天關東印書館排印

主少年登科及第

辛龍巽向

賴著尹改曰　催官穴天廐天乙右耳受挨左加少微

中男腰紫綬

註解

查天廐是盤中之乾天乙是盤中之辛少微是盤中之酉如辛龍右落結乾穴巽向兼辰而挨左穴少偏右而加酉取丙戌正辛之氣貫右耳主諸子皆貴惟

中男官居第一

辛龍卯向

賴著尹改曰　陰璇向東震氣從左耳進婁金勿加多

斗金日增盛

註解

查婁金是盤中之戌陰璇是盤中之辛如辛龍左落

結酉穴卯向兼乙而挨右穴略偏左而粘戌取丙戌

正辛之氣貫左耳主日進斗金富壓州郡

奉天關東印書館排印

辛龍艮向

賴著尹改曰　面向天市垣左腰貫陰璇挨右微侵戌

儒將掌兵權

註解

查天市是盤中之艮陰璇是盤中之辛如辛龍橫落

結坤穴艮向兼寅而挨右穴少粘戌而偏左取丙戌

正辛之氣貫左腰主文兼武職掌生殺之權

乾龍乙向

賴著尹改曰　陽璣面向乙龍氣自左入挨右微侵婁家富人丁足

註解

查陽璣是盤中之乾婁是盤中之戌如乾龍左落結辛穴乙向兼辰而挨右穴微偏左而粘戌取丁亥正乾之氣貫左耳主丁財兩旺更出人俊偉若戌龍乙向惟主巨富

賴布衣著作催官篇五十餘向尹鐵筆改正惟酌取三

十五向葢取其乘運得時乘氣得方故也余默受二公
心傳復親承雪亮眞人口授始知巒頭理氣不可偏廢
故先著玄空追宗後著巒頭指迷復敬附驥尾註解分
析情因僞術以雙山納甲認爲挨加卦例遂致燕石濫
玉伊于胡底胥亦思雙山者以壬子爲一山以癸丑爲
一山順而行之周而復始未免分八卦爲十二卦也夫
八卦列於羅經本一卦三山乃僞術分爲十二卦則是
將一山作爲一卦半余無論其他卦即就坎艮兩卦論

之亦極陰差陽錯矣況僞術專論東西四宅以坎離巽震爲東四宅以乾坤艮兌爲西四宅若用壬子二山其卦屬坎固可作東四宅論若用癸丑二山其卦半坎半艮又將作何宅論乎經云子字出脉子字尋莫教差錯丑與壬查子爲正坎一兼壬則爲逆行一兼丑則爲雜卦此最爲明師所忌用爲何僞術習而不察竟敢用雙山納甲以致俶擾天紀昏迷天象則不能仰觀天文又安能俯察地理哉吾願行斯術者尙其玩索催官篇也

奉天關東印書館排印

可然吾猶不能不極力詳辨故復撮取十九龍之落脉
分列於左俾學者趨吉避凶免受僞術之愚弄
詳列十九龍左右落脉之吉以爲證案
乾亥　右　壬亥　左　丑艮　右
艮寅　左　甲卯　右　卯乙　左
辰巽　右　落吉　丙午　左　落吉　午丁　右　落吉
丁未　左　申庚　右　辛戌　左
羅經本二十四山當以二十四龍落脉爲是而茲惟取

十九龍者蓋因眞訣認龍非同僞術認山彼僞術認山不過就雙山納甲順而推之此眞訣認龍實能指雙行入脉細而察之譬如乾亥雙行以六十透地龍細察則知五亥龍分注乾宮穴若左落則乾氣多而亥氣少故凶穴若右落則亥氣多而乾氣少故吉再如壬亥雙行以六十透地龍細察則知癸亥龍係三壬七亥穴若右落則純是壬氣不粘亥氣故凶穴若左落則純是亥氣不粘壬氣故吉蓋先天止有十二支而龍脉以得地支

之正氣爲貴故曰龍從地下行也至於單行之龍無論
左右落穴皆吉若乘氣挨加得法更吉蓋以其單行不
雜卦而雙行或雜卦也似此觀之彼雙山納甲奚可哉
故仙師有云識得陰陽兩路行富貴達京城不識陰陽
兩路行萬丈火坑深徧觀時師於點穴全不知左右兩
路欲不棄屍於火坑也得乎吾願入斯道者潛心熟讀
此篇也可
巒頭指迷坤部終

巒頭指迷兌部

棗陽何廷珊玉册選著
胞姪　正邦彥兮匯輯
小兒　正印少玉校訛
長孫　之簡册孫纘述
次孫　之箴咸竹學讀

各省福地

衆戸佳城

江山留勝蹟論

太史公云人必閱歷名山大川始能開眼界潤心懷以

奉天關東印書館排印

牖知識於無盡吾則謂人不必閱歷名山大川而眼界亦能開心懷亦能濶知識亦能以盡牖於何見之於智者仁者見之矣謂智仁不閱歷山水智仁未必如是之倦謂智仁盡閱歷山水智仁亦未必如是之勞蓋智仁本山水之鍾毓山水即智仁之性情其見山水而樂也猶爲僞其不見山水而樂也乃爲眞夫僞樂山水不過爲目中之山水而眞樂山水實足爲意中之山水然意中有山水則無時無地不有山水也又何必閱歷名山

大川始能開眼界潤心懷而牖知識哉若吾人讀聖賢書學智仁事縱資格不能及智仁而志氣莫不趨智仁每遇四壁高山一灣流水悉徘徊久之而不忍去當十八釆芹二十食餼行年三十即南遊閩浙北遊幽燕奔走不暇四十餘年迄于今七十有四歲固不能再去遊覽只可將昔日目中所見作爲今日紙上之談俾子孫展卷讀之俱知某氏宅係吾先人所指點某氏墓係吾先人所手扦不幾與得地者結萬世交情耶是爲記

奉天關東印書館排印

壬山丙向

右格在盤山縣東南三十里地名關家店係東三省巡
閱使鎭威張上將軍葬
先考太封翁之地也其龍由平原而來頗難察認行至
關家店四畔微起稜弦宛轉作蟠龍勢中抽細脉隱隱
隆隆連穿數節到頭結大突穴圓如驪龍戲珠形登塲
觀之明堂容萬馬水口不通舟印笏排列令筆森秀眞
貴地也戊子年葬辛丑年生少帥四柱壬癸辛格命落
九宮現令四巽當令合四九爲友之數況有甲子乙丑

二命帮扶决發厚福若待至戊辰壬申歲更能威加海
內蓋因葬時俱合歲星故後人於申子辰年發蹟相傳
封翁仙逝浮厝祖塋光緒戊子年七月大水將棺漂流
此地遂安葬焉後啟視係壬山丙向按是年月日正合
坐山水局鄉人皆稱爲天葬地因爲記云大地人難識
天留與善人不知山有穴卻得氣如春震艮交相護乾
坤配合親永陵他日葬吉兆此同倫查清初永陵亦係
天葬誠後先輝映也經云大地爲鬼神所司善人乃天

之克相倘欲得滕公之佳城須積叔敖之陰德若
太封翁之陰德非一朝一夕所積也溯自東遷以來歷
代以積德爲本家道雖屬小康待人毫無難色見有號
寒者即解衣以衣之見有啼飢者即推食以食之且男
不能婚助其財禮女不能嫁給其奩資人有疾而無醫
則施湯藥以調劑人至死而難葬則施棺木以掩埋爲
財產爭訟排解者百十餘處遇夫妻離散成全者數十
餘家彼修橋補路立廟祀神猶其末事珊每至關家店

奉天關東印書館排印

與父老接談至今猶作爲佳話而稱頌不置焉及訪問
他人亦衆口一詞足見盛德感人之至方今
大帥秉政更能上繩祖武下體民情於士卒傷亡卹金
倍厚於農商損失賠欵加增其施濟毋違堯舜之道飢
溺常存禹稷之心所以修積少帥年未及三旬志能統
三軍小范甲兵人難勝任此非天葬地之驗乎彼世之
求地者尚其修德而獲地即不求地而自得也請奉此
圖而爲殷監也可

卯山酉向

燈籠山

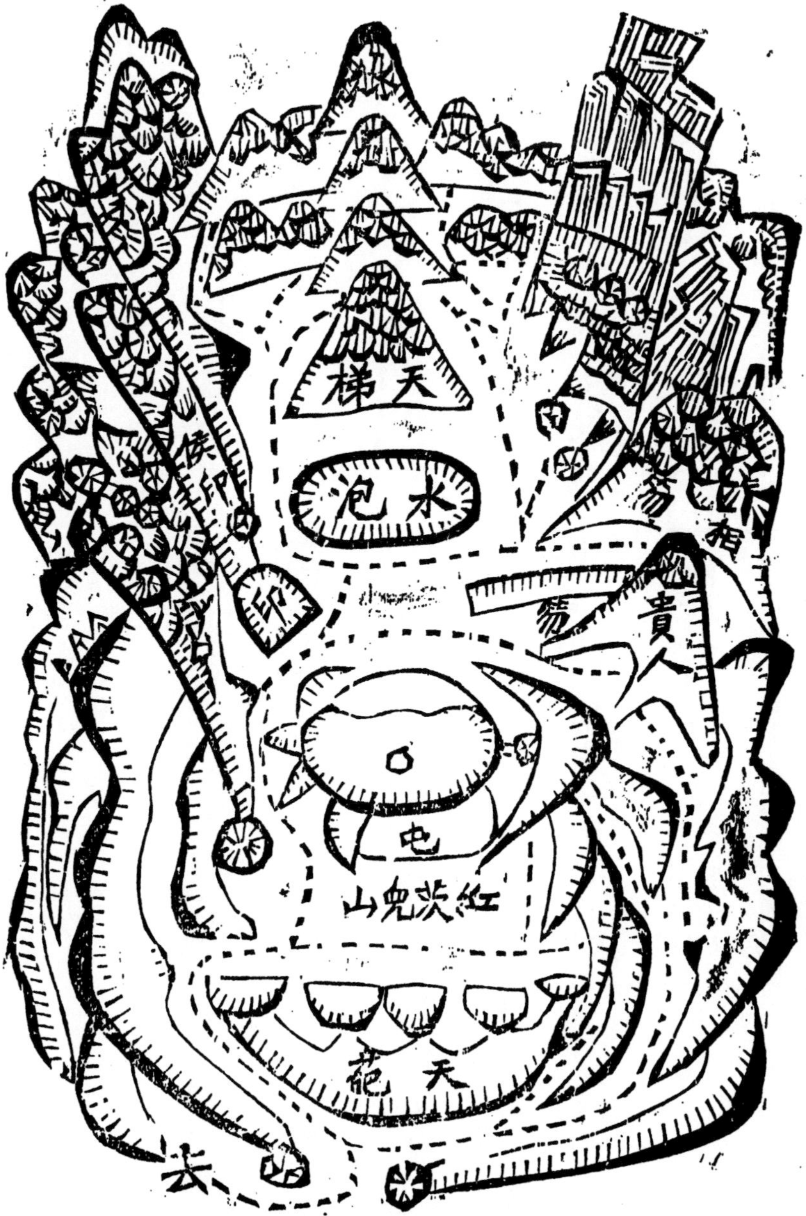

奉天關東印書館排印

右格在錦縣東七十里地名驛馬坊係東三省巡閱使
鎮威張上將軍葬
先妣太夫人之地也將入局陡起石山站龍樓寶殿雄
冠一方及入首貴人卓立抽出盧鞭一座脫落平岡結
太陽穴明堂平正城門高塞天梯障於前天葩托於後
左輔封侯挂印右弼宰相執笏兩水朝宗四應登對沓
大帥於葬墳之後即與少帥爲中國偉人倘位及至尊
未可量也然此等權力猶係先人之餘德所感耳

癸山丁向

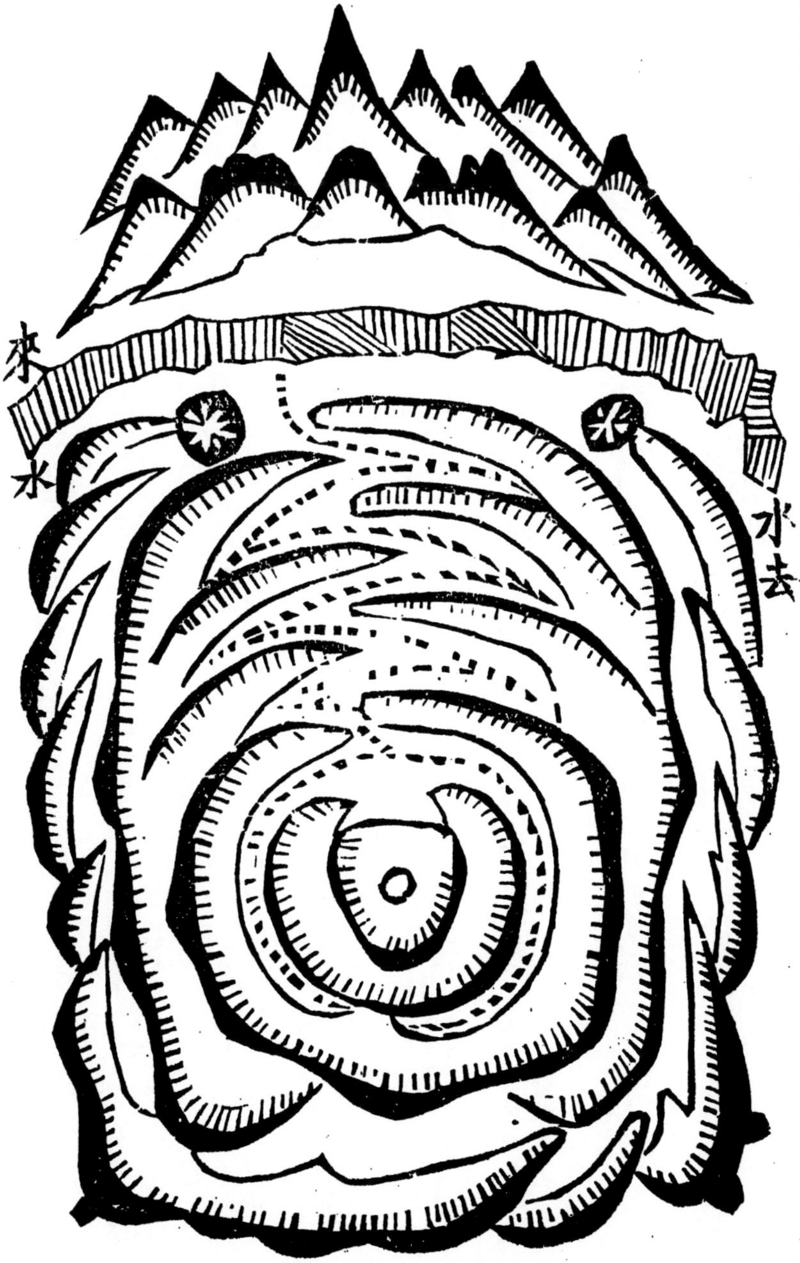

奉天關東印書館排印

右格在奉天省城東北二十里地名趙家溝係錫學士
聘之公葬身地也其龍自輝山起祖行至團山子枝抽
梧桐帳開蓮花離祖山不遠即束氣結咽成正體穴格
明堂藏風聚氣龍虎左環右抱水朝有情山朝有意文
筆揷天元辰歸庫堪稱完璧訣云初落近祖山局勢必
須完是也因爲記云分來大幹獻梧桐正體巒頭穴正
中南極文峯呈遠秀才名四海共推崇葬後長公子謙
皆公懷才不仕其才名卻已遠近稱揚矣

乾山巽向

本天關東印書館排印

右格在鐵嶺縣東七里地名靠山屯係郭廳長聘儒公
葬祖地也其龍自峭峯分枝而來將入局即橫開蓮花
大帳左環右抱成龍虎排衙中抽金星數座到頭結平
面太陽穴前朝雙薦後坐三星青山綠水俱各有情按
此地本主弟兄同榜葬時問青聘儒均方數歲後同登
仕版聘儒任黑龍江審判廳長政聲卓著因爲吟云大
豚傳來遠炎精聚處深秋官威不猛冬日愛同欽穴坐
高山繞堂迎秀水臨弟兄皆及第發富斗量金

丁山癸向

奉天關東印書館排印

右格在奉天省城北四十里地名彭家樓子係錫觀察
紹彭公葬祖地也其龍自觀音閣分枝而來勢如野馬
奔騰不可捉摸將入局即横開蓮花大帳蒼莽異常隨
從帳中抽出金水四座到頭結紫氣穴明堂平正案山
端方龍虎左環右抱門戶牙錯劍交葬後錫公由戶部
郎中升大名知府旋升迤永道及東邊道長公子滋圃
升副都統一門鼎盛現今人丁繁衍財帛豐盈堪稱陪
都第一世家

巒頭指迷　兌部

戌山辰向

九

奉　關市印書館排印

右格在鐵嶺縣南四十里地名山嘴子係湯閣忱都統
葬父地也其龍順水而來行至土口子聳起峰尖山開
睜展翅个字中抽宛轉回旋拖落平岡翻身頓起天財
巒頭逆對來水結穴四腳彎抱形如蟹行左有石印突
出右有御傘呈秀前朝壯麗後坐圓滿山繞四圍水纏
三面眞貴地也決主發福至厚極速余為湯公葬父時
公不在家葬至九十二天始歸即官復原職升東邊鎮
守使及師長都統等職以後子孫發達當復如是

坤山艮向

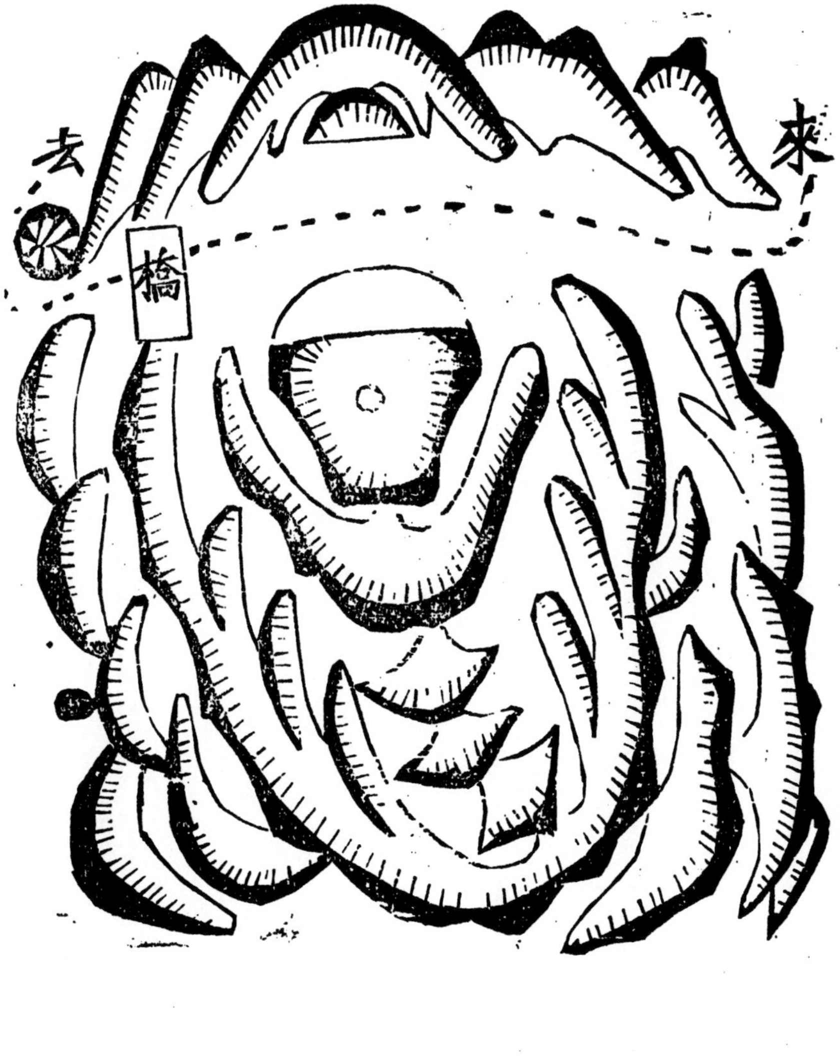

右格在奉天省城北二十里地名大窪係田都閫耕九公葬父母地也其龍由長嶺子大幹分來枝葉繁衍氣勢溫和將入局大開帳幕中抽金水細脉透迤而下穴結正體巒頭案山端正水口嚴密主發富貴耕九公爲余之盟弟嘗謂余曰吾今年四十餘歲僅有一子字沛東者已二十餘歲未免身孤務求吾兄指一發丁地即可矣余指此地安葬踰年堯東生沛東官知府並產孫公子一時財丁官貴俱發眞吉地也

巳山亥向

奉天關東印書館排印

右格在黑山縣北九十里地名新立屯南山黃金台係張鎮帥仙濤公葬李夫人之地也其龍自芳山子火星起祖形如將旗秀麗挿天隨撒落平岡左棲右閃擁聳而來行至黃金台頓起御屏土星穴結腹中兩旁界水分明當前湖水聚注大溪環繞諸峯羅列眞貴地也因爲吟云迢迢十里幹龍長陣馬奔馳落小岡帳密能收西極秀城高不怕北風凉山藏石骨圍三面水聚天心蔭一堂直到中元乘旺運生成四九覲龍光

子山午向

奉天關東印書館排印

右格在吉林雙陽縣北一百里地名馬家頭台係榮祿大夫馬績卿公暨夫人葬身之地也其龍自雙石磖大幹特來及入局劈分三股右一股纏至穴後至水口成龜形左一股纏至穴前作案復轉西至水口成蛇形中一股抽出蜂腰鶴膝無數曲折到頭翻身結曲尺貪狼穴經云曲尺貪狼葬曲凹龍虎開張將穴包穴前兜襟平而穩砂環水繞出官僚此地是也登塲觀之羅城周密案山壁立水繞玄武而去洵可謂十全富貴之地

巽山乾向

奉天關東印書館排印

右格在錦州西二十里女兒河南地名老龍臥係汲都統葬母太夫人之地也其龍順河而下千形萬狀不可勝述將入局頓起霞帔垂絲落脉及入首左棲右閃無數曲折帳下貴人卓立大開个護抽出平脉到頭結雙臂巒頭格九星歌云第五星辰名雙臂交抱乃爲最多作鳳凰展翅形朱紫滿門庭此地是也明堂融聚外陽寬暢龍虎親近朝案拱揖更合下砂收盡源頭水兒孫買盡世間田之語葬後定主出入將相子孫鼎盛

丙山壬向

奉天關東印書館排印

右格在黑龍江省城北五里地名五里台係福都護全
齋公葬父母地也其龍隨嫩江而下千里迢迢不可勝
述行至二吉屯劈分兩枝南一枝結省會北一枝結此
穴將入首即撒落平洋穿湖過峽翻身逆對來水結麒
麟穴格形似蓮花垂蕊枝葉掩映明堂窩靨龍虎交環
嫩江銀河二水特朝流至胡家泡聚會成湖以收內氣
江中起沙洲砥柱中流足見此地完密葬後福公升都
護子纘衣升營長孫克讓保知事一時驟發

坤山艮向

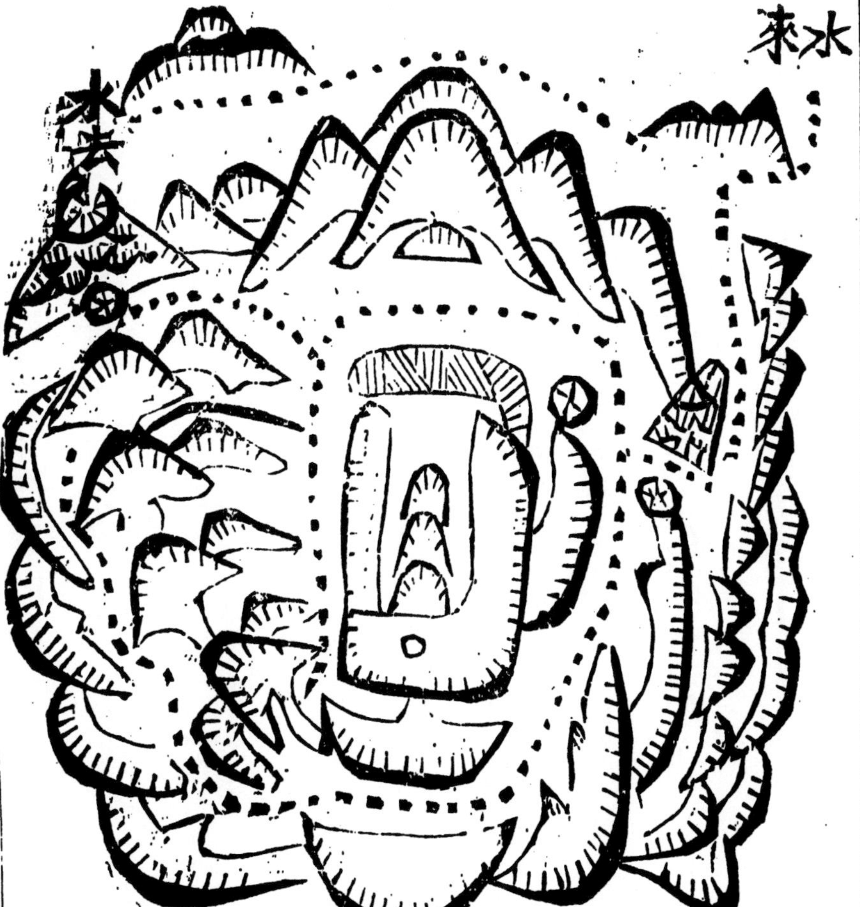

奉天關東印書館排印

右格在鐵嶺縣南十里地名果子園係長春縣知事趙
孟南君葬父母地也其龍自帽峰起祖連穿金星六座
起伏曲折到頭抽出蘆鞭一節入首開面成土星吐唇
穴案近堂聚元辰環繞東南諸峰聳秀正合四運文貴
葬後孟南官知事仲平充局長丁財兩旺滿門富厚眞
貴地也聞此地舊有記云帽峰山北一臥虎口不張爪
不舞有人捉得著官必到五府今趙氏財官雙美必是
將臥虎捉著矣以後簪纓無替定可期許

艮山坤向

頭河來

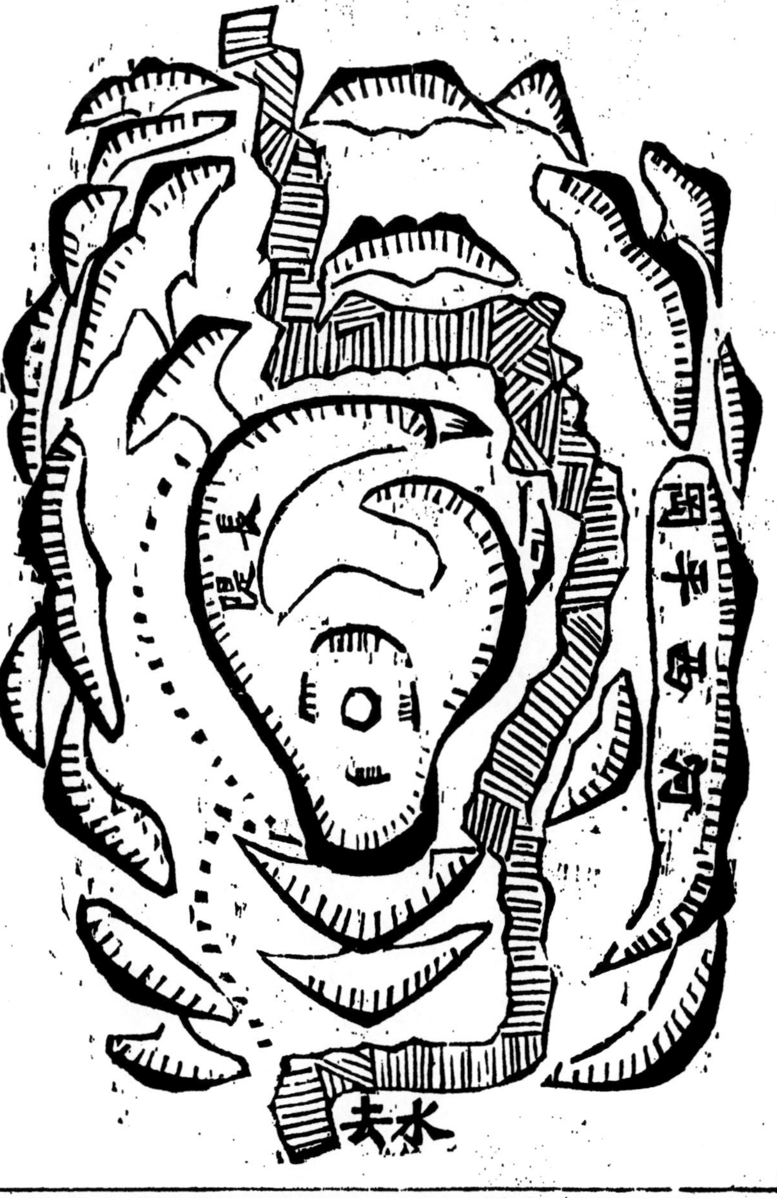

奉天關東印書館排印

右格在天津府屬滄縣南十八里地名甎河鎮係朝議大夫王堯臣公葬先考建威將軍之地也其龍順水而來隱隱隆隆不見形跡行至甎河鎮微露一帶土墩藕斷絲連穿隄過峽送龍水轉爲朝堂水繞玄武而去穴如仙掌擒珠形葬後堯翁財官雙美余爲贈云龍來遠隔路三千到此梧桐子結圓露滴珠成荷葉綻風吹浪捲藕絲連甎河水向身旁繞玉帶隄從肘外纒眞是福人登福地仙人掌上住神仙

壬山丙向

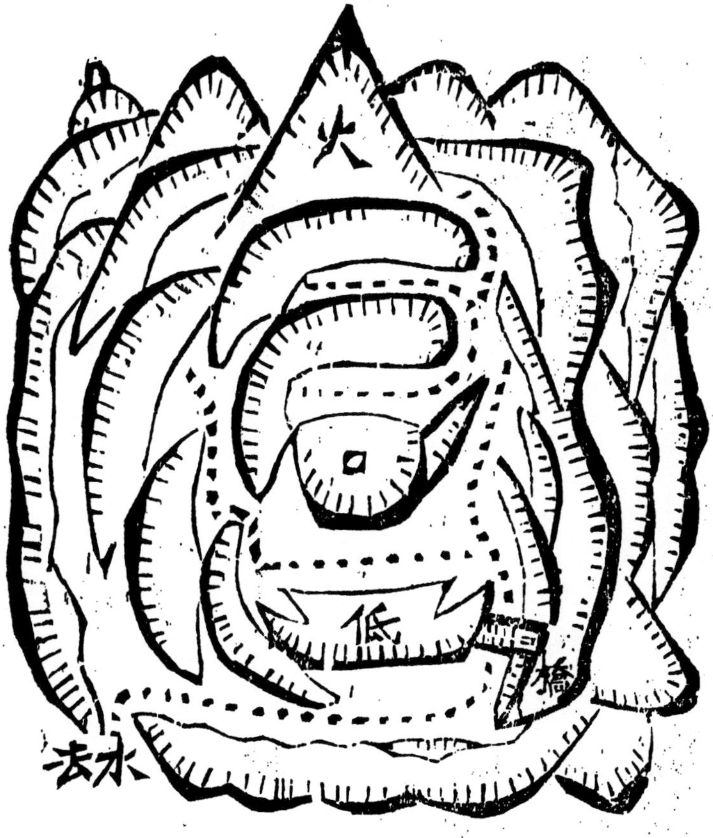

奉天關東印書館排印

右格在北京西直門外二十里地名海甸係財政部秘書李達之先生葬祖宗及父母地也其龍由京北牛欄山起祖中抽出脉撒落平洋數十里先結京都復穿城過峽由三貝子花園渡河而來將入局平地橫行水木蘆鞭如活龍生蛇及入首頓起倒地火星略高數尺連起土星二座迴頭結穴前朝水與後纏水同歸橋頭繞玄武而去决發厚福余爲吟云火星落地應天星地應天星地有靈水去橋頭關鎖緊財官發後發人丁

乙山辛向

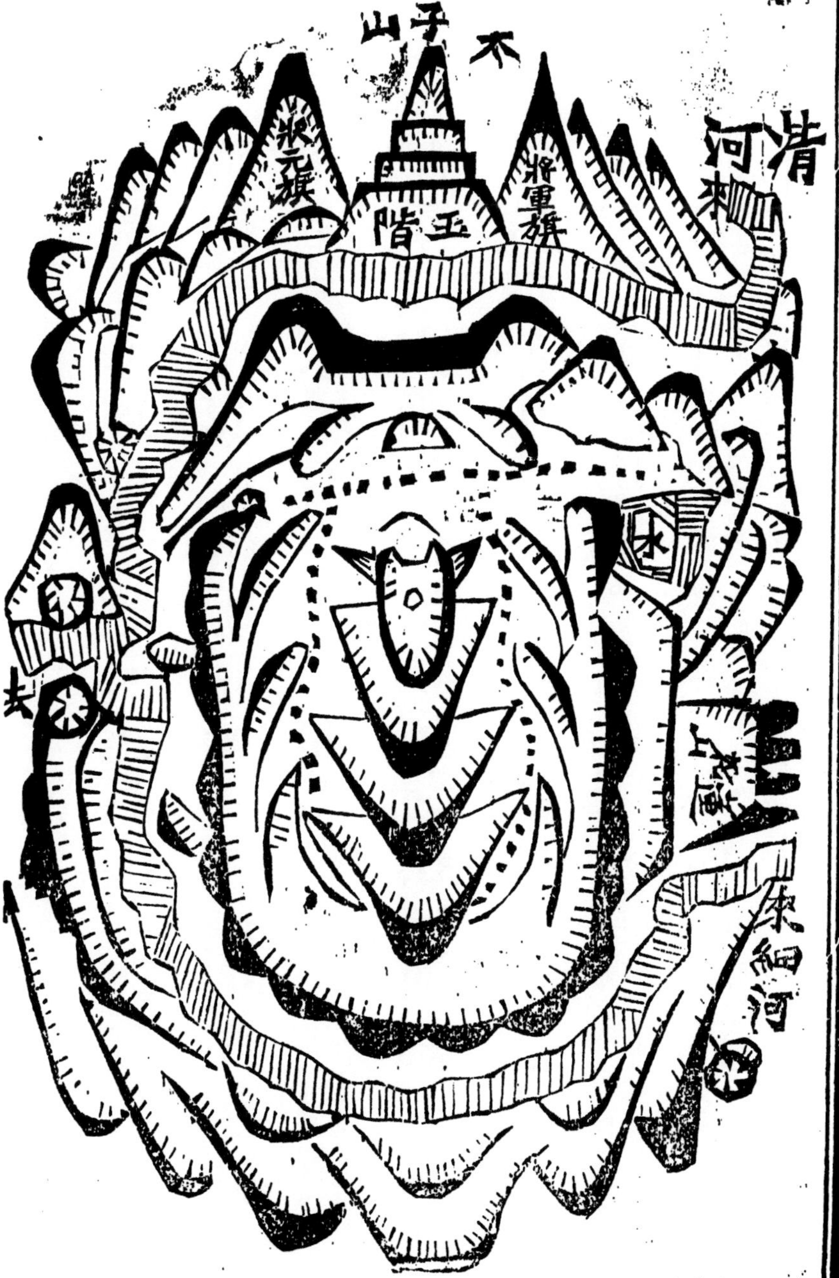

奉天關東印書館排印

右格在熱河界阜新縣南九十里地名長嶺堡係周軍門祥庭公葬父母地也其龍自蓮花山起祖氣勢森嚴狀如金莖揷天隨穿心落脈脫卸平岡兩河夾送而來將入局即頓起水星大帳帳中抽出木星數座到頭跌平結正體紫氣穴明堂融聚朝案親密淸河細河四圍夾輔文旗武旗兩旁卓立決主子貴聞舊有記云蓮花峯起勢堂皇紫氣垣中瑞氣藏此穴若還能得葬定然產出紫微郎今周氏葬此地其子孫必能旺盛矣

癸山丁向

奉天關東印書館排印

右格在瀋陽縣北七十里地名駱駝山子係奉直大夫
蔡硯南君葬母地也其龍來甚遠難以筆罄行至大靑
山頓起御傘作祖重疊擁聳中抽細脉跌落平坡翻身
成倒騎龍格穴後大開个護將龍夾輔去山枝脚俱翻
轉迴抱不放水走流至下砂與河相會爲後合襟明堂
融聚唇氈兜起收足內氣至貴昔姨母太夫人仙逝無
地余與硯南遊覽見有可取者一二處奈地主不賣余
曰吉人必登吉地踰年即得此穴眞天相吉人也

丁山癸向

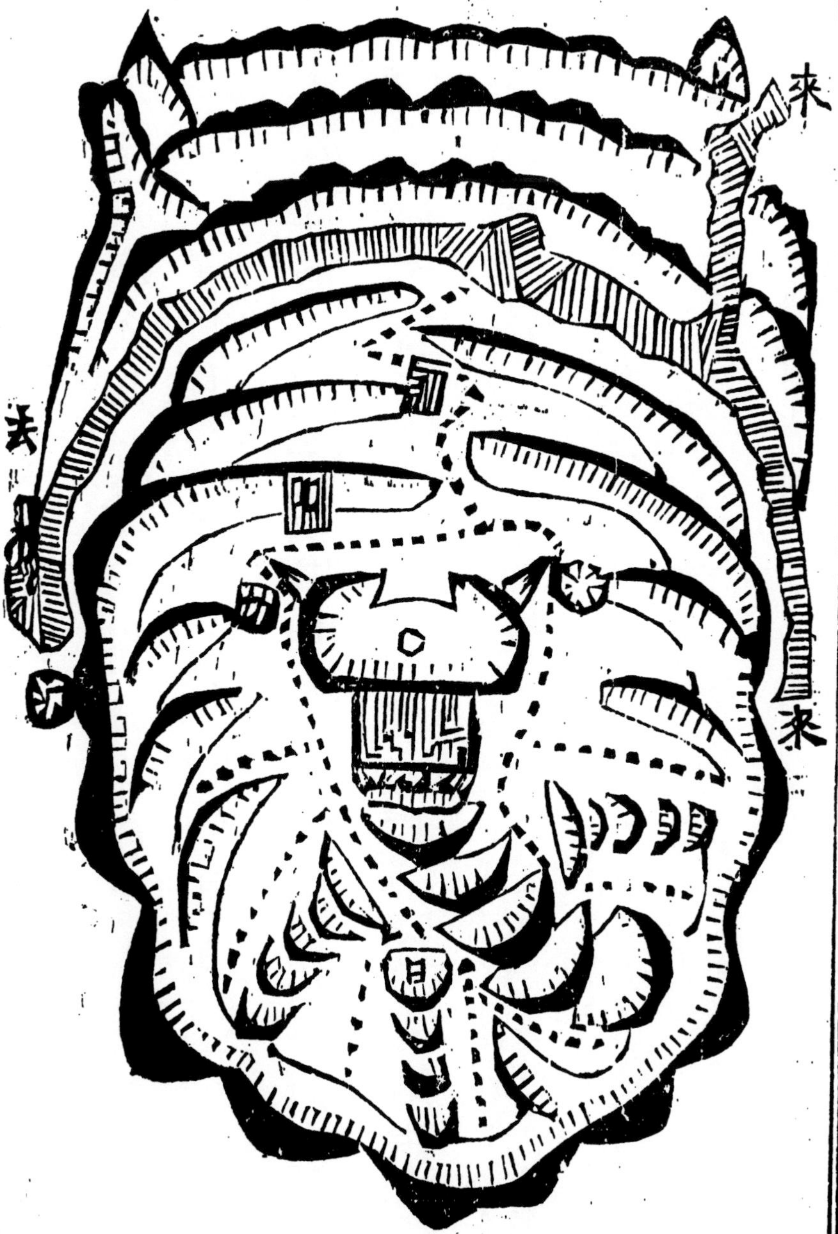

奉天關東印書館排印

右格在遼陽縣南八十里地名千山大海峪係遼陽所長劉遇宸君葬父母地也其龍由龍樓寶殿起祖將入局即辭樓下殿橫開雲錦大帳中抽金星數座到頭巨石昂拱狀如冠冕穴結石下明堂平坦後有日月夾輔前有簾幙為案眞貴地也余為吟云龍樓聳起度重關可謂千山第一山威赫氣冲霄漢上狀元宰相近天顏又云山曰千山有幾千他山不及此山巔巖巖巨石如冠冕定產英豪志極天故葬後遇宸紫宸均登仕版

甲山庚向

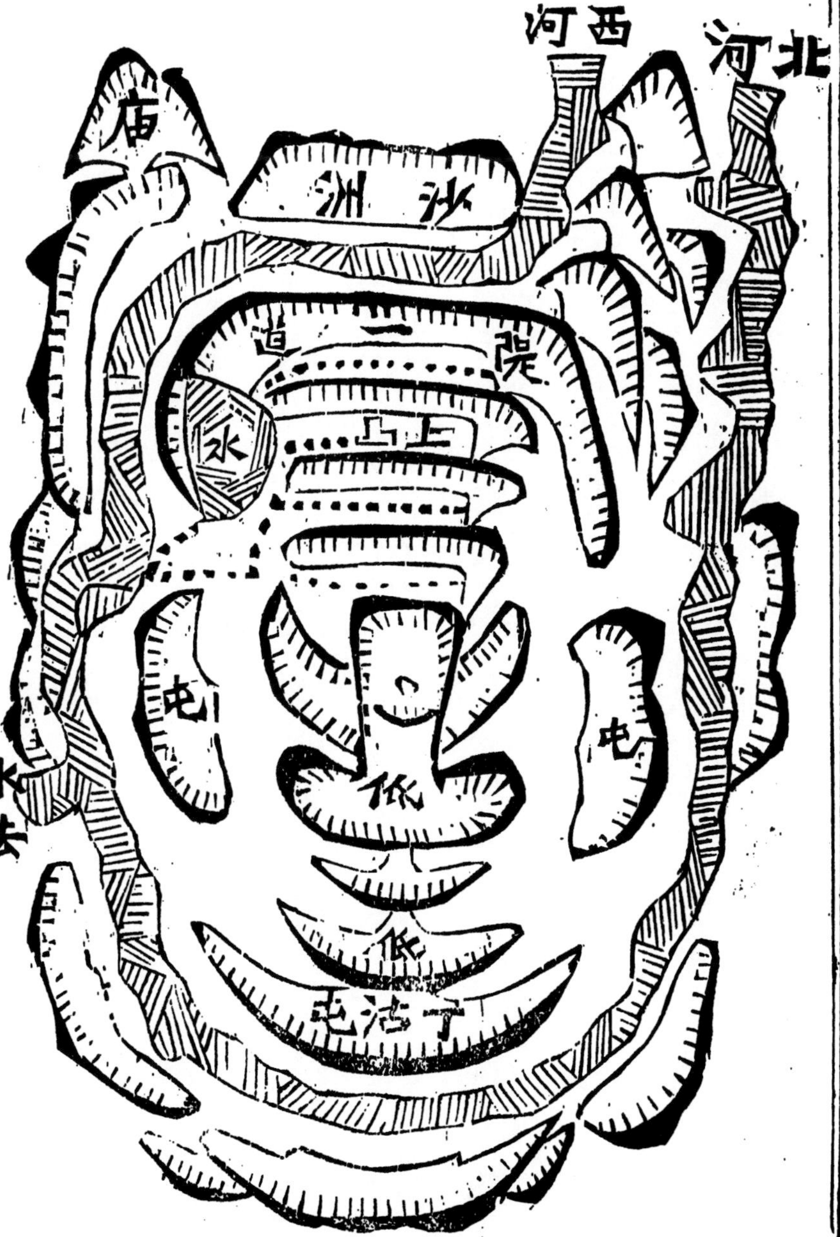

奉天關東印書館排印

右格在天津北十里地名丁字沽係吉黑榷運局長兼鎮威軍賑務處總辦閻廷瑞公葬父母地也其龍由兩河夾送而來隱隱隆降綿亘數百里不見形迹及入局穿隄過峽翻身面對來水復跌落數節坐空朝滿結穴明堂容萬馬水口不通舟葬後定發財丁官貴因爲贈云從來福地甚難圖此地恰逢丁字沽大水彎環如帶繞明堂平正類氈鋪隄横前面三條案穴點中心一顆珠眞是眞龍眞結搆倒騎龍背鳳生雛

癸山丁向

奉天關東印書館排印

右格在蒙古東土默特旗地名南衙門係卓索圖盟盟長本盟兵備札薩克東土默特旗札薩克親王色子壽葬福晉覺羅夫人之地也其龍由漲天水星作祖將入局抽出冲天木星成華蓋三台到頭平如手掌開窩垂乳結穴兩旁暗砂跌抱穴前元辰摟住不許傾流明堂內氣圓足朝山外陽錦繡三河纏繞會合入口眞是天造地設之局爲王侯生就所惜者福晉無子縱得佳城儼若烏有不過執事者盡心而已

壬山丙向

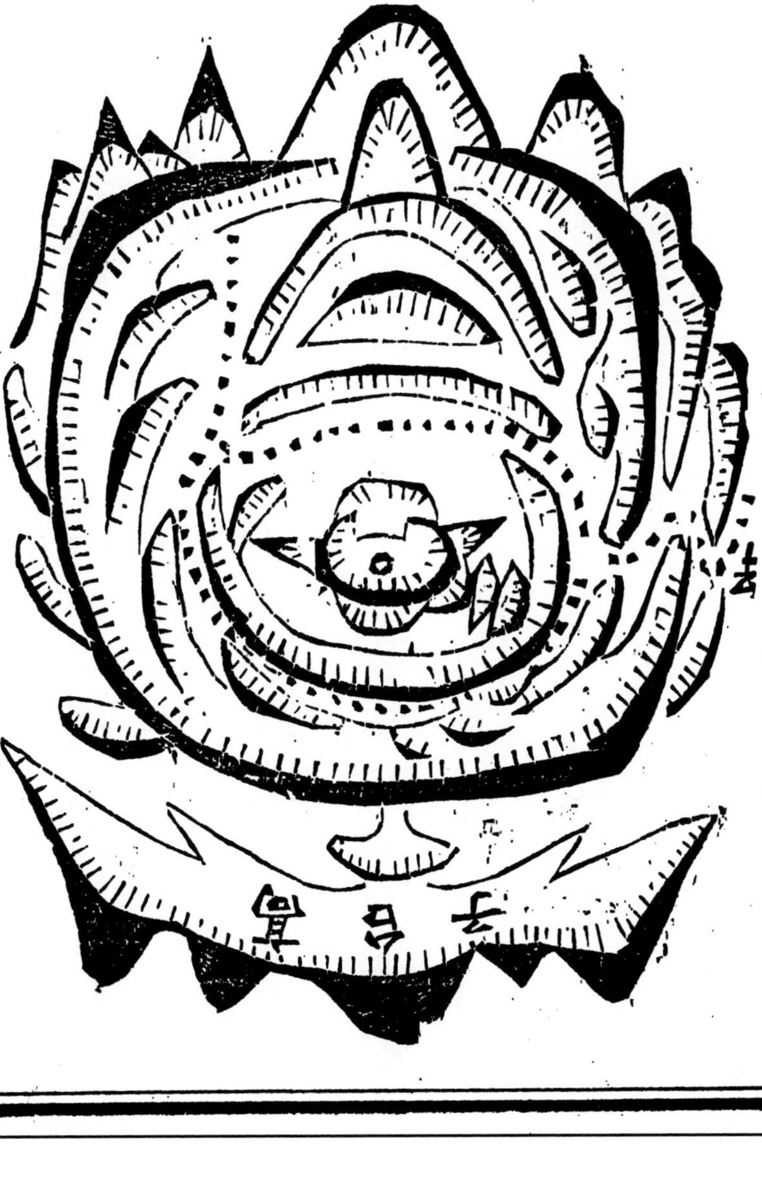

奉天關東印書館排印

右格在新民縣北七里地名前營子係趙蝦齋處長葬父母地也其龍由高台子暗藏五星明起三台中抽細脉撒落平洋行至前營子即横開蓮花大帳兩層裏一層從乾方獻出蘆鞭翻身成天財巒頭結穴前有唇氈後有襯托帳角作左右龍虎外一層纏至穴前聳起金星及玉帶蛾眉爲案帳角纏至下砂關鎖門戶收足內氣登塲觀之倉庫鎮居坤方文筆卓立巽位羅城周密局勢完備故葬後處長富貴全美

巽山乾向

奉天關東印書館排印

右格在直隸撫寧縣南八里地名沿河莊係馬洪[illegible]所卜之地也其龍順沿河而下行至抓角懷聳起高山雄冠一方隨從山中穿心落脉連抽大岡兩條左一條為正龍作輔右一條屬正龍本身將入局即撒落平洋勢如自天而下隱隱隆隆竄入堡中不見形跡及穿屯過峽翻身頓起木星面對來水穴後偷出一脉以作鬼襯穴前囊聚一池以蔭龍身娘娘宮阻塞去口獅子石砥柱中流水繞玄武山迎朱雀可謂十全富貴之地

癸山丁向

奉天關東印書館排印

右格在吉林省伊通縣北一百一十里地名塔子溝係彰武縣知事張譽久公葬父林地也其龍來遠不及詳述將入局枝抽杞梓帳開芙蓉跌斷過峽穿出金水二座翻身頓起巒頭如鐘束氣結咽大開窩曆穴後玉枕作襯穴前靈泉靜養曜星直長朝案親近水繞玄武而去其貴無比余爲記云山形如覆鐘巒小勝尚峯枝抽成杞梓帳開類芙蓉堂口靈泉聚穴心瑞氣鍾元元乘旺運代代受榮封葬後定主富貴綿長人文鼎盛

巽山乾向

奉天關東印書館排印

右格在吉林省伊通縣北一百里地名鳳家屯係張紹譽君葬父母地也其龍自廟嶺特來磊磊落落如野馬奔騰不可捉摸將入局橫開雲錦大帳中抽重重飛蛾到頭貴人卓立跌斷落平開睜展翅結窩穴明堂寬廣案山親近龍虎左右環抱下砂一搠橫攔最爲上格余特贈云峽過三關過五關迴環帳裏更迴環分明蛾翅雙重展活潑龍身幾疊彎入口全收鵝雁水鍾靈不讓鳳凰山貴人卓立無人見蔭產英豪在此間

戌山辰向

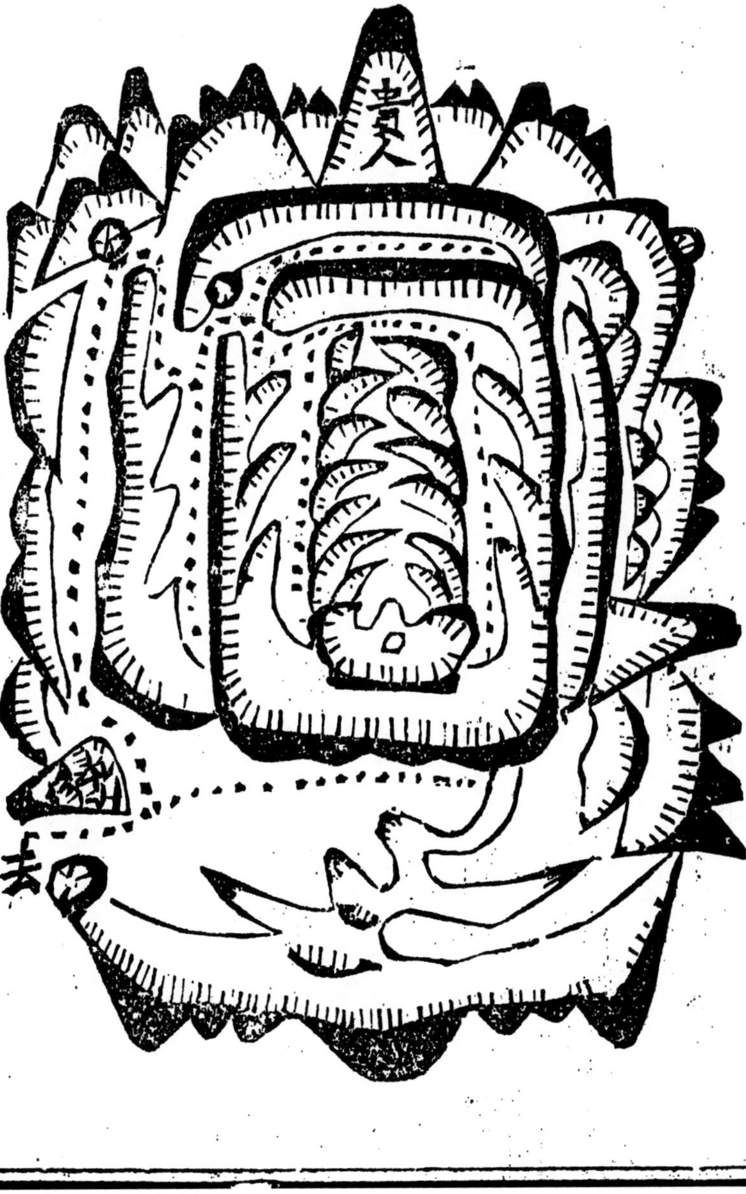

奉天關東印書館排印

右格在懷德縣東南六十里地名猴石山係張紹譽君所卜之地也其龍來遠不可勝述行至猴石山即頓起五星聚講從坎宮拋出細脉跌斷無蹤復從坎宮察認見其脉轉兌位側落乾方展開土星橫寬中藏玉屛䜌頭窩中垂乳挺臍結穴後有樂山爲靠前有唇氈兜起龍虎排衙貴人朝揖登塲觀之不覺興起遂爲吟云金星寶蓋竄雲濤穴結高山不見高四面羅城都繞抱下砂逆抱更堅牢但此地貴重富輕亦可由貴致富

酉山卯向

奉天關東印書館排印

右格在懷德縣東南五十里地名三家子南溝係張紹
譽君新卜之地也其龍由三台起祖連穿金星十數節
左栖右閃磊落奇特將入局開睁展翅及入首束氣結
咽到頭翻身穴落平田近案眠弓下砂逆鎖局內山水
大會融聚一堂榜山懸列倉庫繞抱葬後決主先富後
貴因爲贈云天機活潑奪天工幽谷豁然氣脉通後坐
山迎三疊水前朝案對一張弓千峰聳拔齊淩漢四壁
包藏不透風此穴堪稱家富有乾交猶產狀元紅

丑山未向

奉天關東印書館排印

右格在黑龍江省木蘭縣東二里地名老龍頭係英旅
長積華公葬父母地也其龍由興安長嶺起祖行至大
青山橫開金水大帳約百十餘里中抽細脉走弄之玄
將入局又橫開雲錦大帳一層以作外護及入首劈分
三股左一股揷入江中右一股結作縣治中一股起伏
到頭落坪結太陰穴毬簷界合無不分明前有大江環
抱後有長嶺纒繞明堂廣平朝案親媚葬後定主人財
兩旺朱紫滿門洵堪謂三省第一佳城

乾山巽向

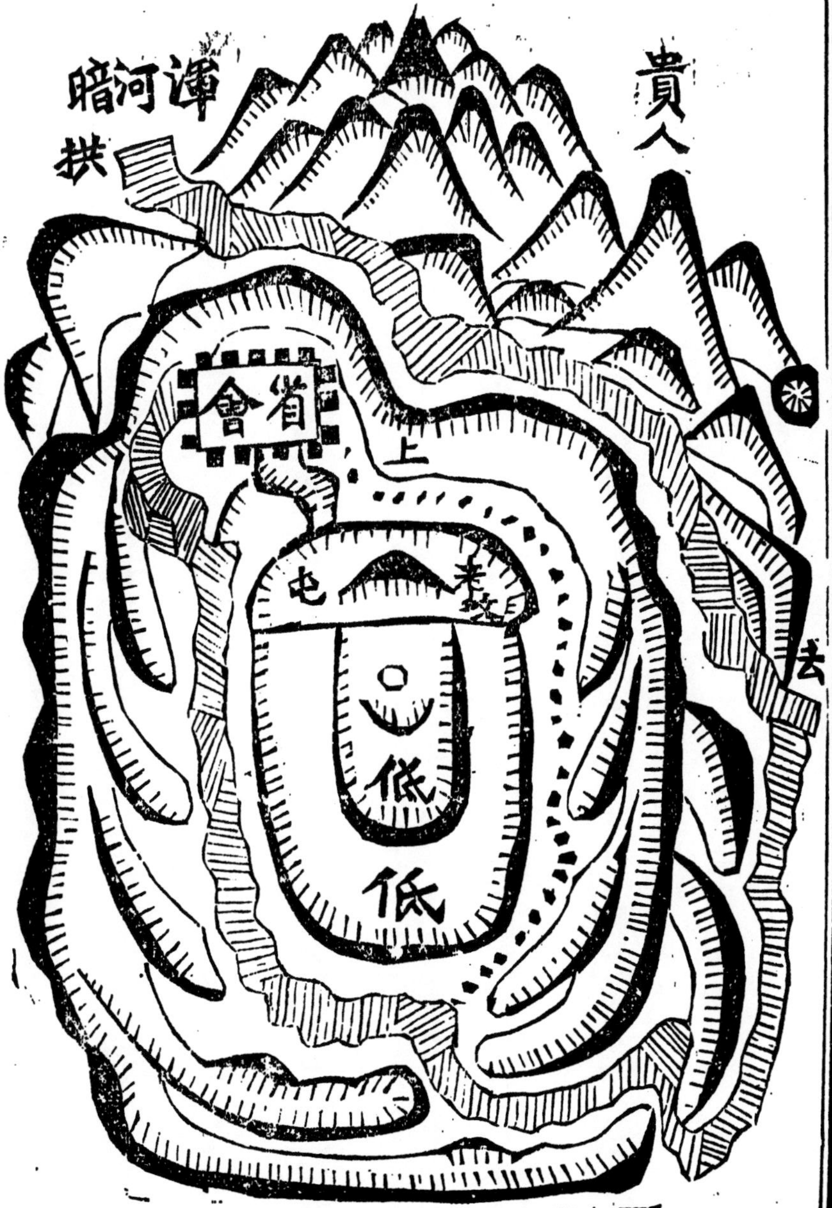

奉天關東印書館排印

右格在奉天省城西十五里地名汪家河子係開原縣
知事洪鼎忱君葬父地也其龍由省北艮方起祖劈分
兩股包過省城纏至穴後作護穴穿城度脈結於乾宮
坐空朝滿水出坤位與渾河相會成地天泰卦主速發
丁財官貴余有贈云大龍來自艮結穴復歸根巽向前
朝滿催官發子孫果於丙寅年五月安葬丁卯年三月
鼎忱公生孫兼升開原縣知事員乃山川效靈課言不
爽然亦爲有德者能應耳人其修德獲地也可

酉山卯向

奉天關東印書館排印

右格在懷德縣東南五十里地名大泉眼係奉天軍署都察長于振東先生葬父母與叔父母之地也其龍來自離方山遠水長不可勝述將入局大斷過峽頓起平岡一道形如蒜腦秀麗合格及入首又脫落平洋僅高數寸如飛帛飄帶擁聳而來到頭吐出一脉穿田逆水翻身起太陰金星面對來山結穴經云宛轉迴頭似挂鈎未作穴時先作朝朝山皆是宗與祖不拘千里遠迢迢此地是也葬後定主富冠一邑名壓百僚

辰山戌向

象牙山

奉天關東印書館排印

右格在開原縣東南三十五里地名孟家寨小梨樹溝
係門生田聘卿葬父母地也其龍由象牙山龍樓寶殿
起祖貴人辭樓下殿連穿數節結單提穴主速發富貴
余先見此山瑞氣蒸騰必有四運大地聘卿事親至孝
留記於心一日該地主有病請聘卿診視乃手到病除
願將此地酬報誠有德有土不求自得也余贈一聯云
取巧本無心恰遇著天緣湊巧親靈如有意但看他地
脉鍾靈果葬後速發富貴可見大地天留與孝子矣

甲山庚向

奉天關東印書館排印

右格在黑山縣北九十里地名新立屯雙山子係資政
大夫王作民君葬妻地也其龍由蒙古發來穿邊過峽
不見形迹行至雙山子頓起寶蓋三台透迤落脉面對
來水明堂平正朝案拱揖龍虎左環右抱城門牙錯劍
交正坐少祖當代即發余爲贈云萬座千倉此樂垣透
迤曲折轉迴頭雀迎案上砂橫抱龍逼堂前水倒流後
坐平鋪如撒網下關逆繞不通舟家財豪富房房有更
產英才拜冤旒一葬此地主祿食萬鍾矣

艮山坤向

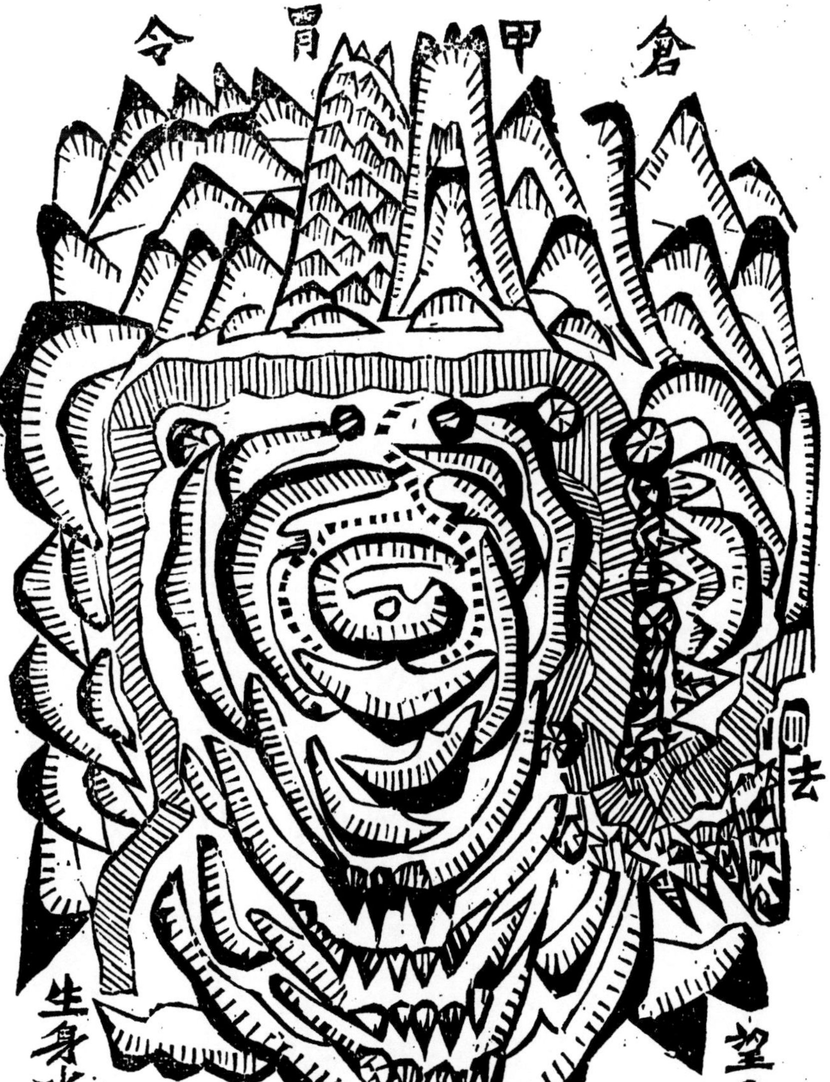

奉天關東印書館排印

右格在熊岳城東十五里地名飛龍岡係門生劉興周
新卜地也其龍由蓋平南山御傘起祖勢如飛龍在天
翅揷雲霄縱橫到頭吐出金星三節結大突穴上起火
星爍然下照經云金脚火頭葬下封侯此地是也明堂
融聚案山壁立下砂巨石成陣水口北辰捍門羅城周
密金城環衛龍虎拱揖藏風聚氣定出經天緯地之人
余爲贈云勢若飛龍赴九天口中吐出串珠圓火星立
在金星上葬下封侯富貴綿此必然之理也

壬山丙向

奉天關東印書館排印

右格在黑山縣新立屯西八里地名長龍山係資政大夫王介藩公葬劉夫人之地也其龍由芳山鎭後天坤宮起祖轉離巽震至先天坤宮落脉巒頭聳若冠冕穴坐龍樓寶殿前朝後襯遙遙登對其形如蜈蚣係得天地正氣主出開國元勳萬古不朽之人余爲贈云天人地卦走三盤脉出兼支不離干獅象𠱾頭森寶蓋蜈蚣開脚起岑巒左腰御兎東來氣右耳聽雞兌入棺陽受只因山飽滿山平穴倚太陽安

子山午向

奉天關東印書館排印

右格在奉天城北三十里地名雙樓子係禮部主事覺羅裕餘亭公葬胞兄戶部郎中綽公之地也其龍由東陵大幹分來行至虎石台撒落平洋渺然無蹤將入局聳起平岡成水星帳中抽金星數節到頭結正體穴歌云第一星辰名正體端莊斯爲美面生凸凹穴方堅砂要緊包纏查此地砂環水繞包纏緊聚足合正體格局葬後必發丁財官貴所惜者綽公之嗣承祧胞姪必須葬至一紀方能接氣若熟讀乘氣歌便知矣

戌山辰向

奉天關東印書館排印

右格在熊岳城東南十里地名于家屯係門生劉興周葬父地也其龍自和尙帽子起祖西行數十里忽翻身脫卸平岡連穿金星數節逆大溪而上到頭復頓起金星一座係屬頑金無穴先師云金星不開口神仙難下手因細審穴閃右畔抽出大突成鉗穴查此地下砂皆逆巨富無比特爲歌云上水舟逆行走一走走到于家堡龍抬頭不開口閃在右畔是欒土蓋面砂將穴護家中量金須用斗果葬至期年財帛即源源而來矣

乾山巽向

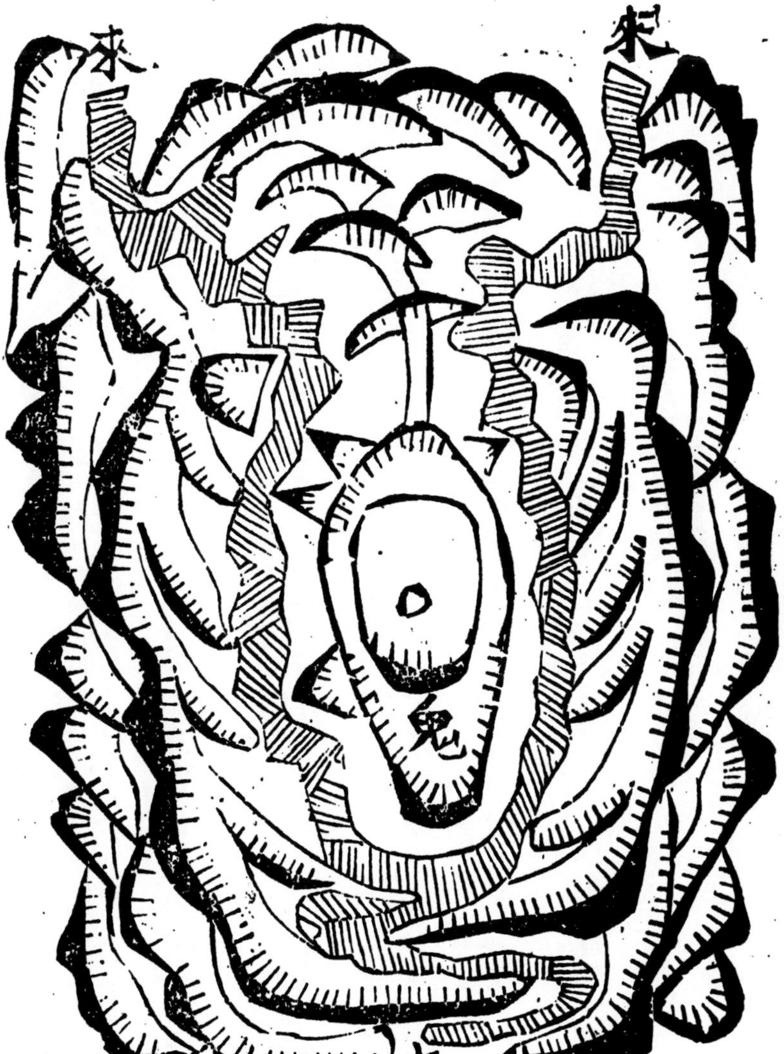

奉天關東印書館排印

右格在懷德縣東南五十里地名三家子係張紹譽君送與丁百祥君葬身地也其龍由猴石山拖落長嶺十數里到局抽出金水蛾眉跌落平田無尺寸高低幸有鬼星直長兩河夾送繞玄武而去謂後合襟主巨富惟前案出脉稍有不正恐中房有無品之人然善門不必慮此也余爲記云南來一隻船兩河共交纏落在乾坡上觀音倒坐蓮後收合襟水富有萬頃田但此地係余手指非余手扦未知葬法何如耳

奉天關東印書館排印

巽山乾向

右格在鐵嶺縣東南六十里地名三道滞係蔡文春先生葬父地也其龍甚遠不及詳述行至挂鼓台頓起貴人秀麗冲天如雙鳳雲中扶輦而下中抽細脉透迤數節左棲右閃千形萬狀退卸剝換脫落平岡及入首橫開御屏連穿三層到頭開窩垂乳結穴明堂平寬案山高聳龍虎不逼不壓來脉不急不促況更有大豹山作樂山森列於後𩕄能助起此地精神元辰水纒繞本身歸入汎河更合一六共宗之局將來發福可以預期

乾山巽向

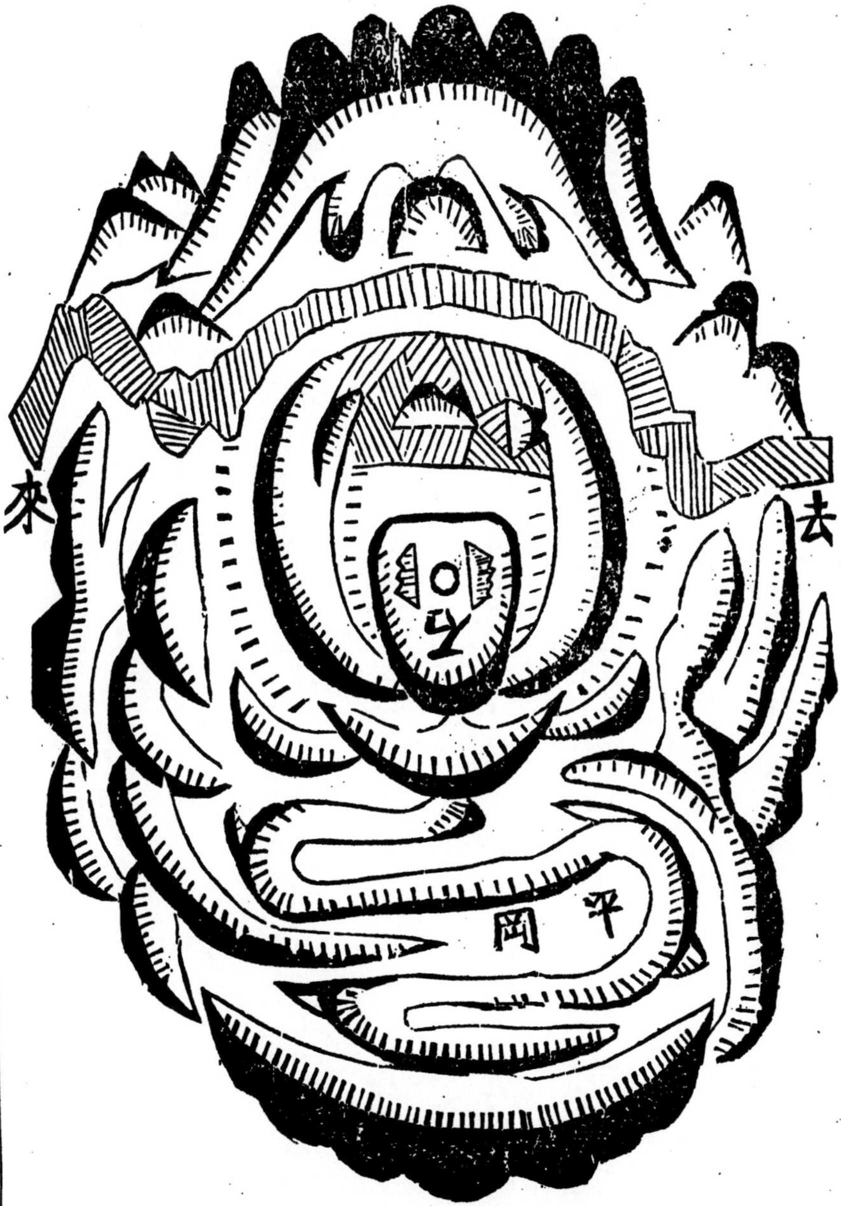

奉天關東印書館排印

右格在熱河界阜新縣南一百里地名聚將屯係海公爺玉衡葬父振威將軍之地也其龍由乾方起御傘中抽出脉拖落平岡周迴三折宛若玉帶及入首起金星一座脫卸水星方圓如硯形三面巨石卓立有銅牆鐵壁之狀頗能遮蔽陰風以收正氣穴前養蔭水浩蕩汪洋照耀明堂足能搖曳生姿水中左笏右印案上金馬玉堂葬後主出公卿東葬至三年玉衡封公爵一時子貴孫榮油然興起眞山川鍾靈不爽矣

癸山丁向

奉天關東印書館排印

右格在奉天城西十五里地名北李官堡係門生王鳳五先生葬父母地也其龍由北陵分枝順沙河而下行至塔灣大卸平岡即橫開梅花帳中抽金星數節逶迤曲折起起伏伏活活潑潑到頭即結大突穴突上開面平如手掌坐山不緩不急案山不逼不欺元辰水繞三面龍虎砂纏兩旁下關逆抱門鎖堅牢决主巨富余爲贈云一個枝龍十里長逶迤曲折落平岡元辰水繞收來廣儲蓄黃金用斗量果葬後富貴有餘

坤山艮向

奉天關東印書館排印

右格在鐵嶺縣南三十里地名山城溝係鄒師長葬身地也其龍順汎河而下行至官粮窖大斷過峽頓起金星異常奇特及入局橫開雲錦大帳從帳中抽出平脈重重疊疊形如階級到頭微開平面穴雖高而氣聚可謂貴地竊此地余已看過多年未與人言李宴園先生係師長岳尊待余甚厚延余徧看無地始將此地獻出不料山之前後均係師長己土誠哉大地爲鬼神所司也然陰地甚佳陽宅不利或葬後可轉禍爲福矣

坤山艮向

奉天關東印書館排印

右格在梨樹縣東北三十里地名廟台溝係王德先先生葬父母地也其龍由郭家店分枝特來入首分劈三股南一股纏至穴後作襯及纏至下手爲關闌北一股纏至穴前作案及纏至下手亦爲關闌中一股大開個護抽出細脉跌落平岡左環右折到頭頓起大武金星成正體太陽格明堂彎亮案山端莊來水彎拱曜星直長前後元辰均歸下砂收藏洵謂十全富貴之局按此墳先葬於此穴背後故不吉因改遷於此或吉焉

寅山申向

奉天關東印書館排印

右格在奉天城東南五十里地名尖山子係孫公子樾
如葬先考鼎忱太史之地也將入局起金土少祖一座
復從星頂另起小金星即是尖山子雄冠一方秀麗異
常隨穿心落脈跌斷過峽共十五節入首翻身橫開金
水大帳結窩穴後坐鬼櫬前對官星文筆揷天金印在
案玉帶眠弓朝對重重元辰水與合襟水同歸一處洵
謂貴格余惟按圖索驥十分繪一若夫潤澤猶待明筆
復祈諒之然就是圖一觀定然富貴綿綿

癸山丁向

奉天關東印書館排印

右格在遼陽縣南八里地名新立屯係于雲章太守爲
母所卜之地也其龍由千山北幹分來將入局橫開大
帳先結朝案隨從帳中穿心撒落平岡抽出細脉十數
里透迤曲折不見形迹及入首翻身頓起寶蓋三台虎
砂高聳與首山阻塞水口明堂朝案互相親媚可謂貴
地余爲贈云陰來剝換乳生窩宛轉迴頭落小坡龍虎
開長將穴抱峰巒重疊作城羅金鐘首出遼陽塔玉帶
腰纏太子河水繞山環交互鎖中元定產貴人多

亥山巳向

右格在黑山縣北四十里地名韮菜池子係孫督軍葬母裴太夫人之地也相傳葬後塋中如有鷄鳴四境響應查帥命屬鷄因連升吉黑兩省督軍不料帥之族叔老太爺延師葬親命在此地右畔鑿一深井遂鷄鳴不聞而帥與伊叔亦相繼辭世嗚呼痛哉余爲悼云可歎眞可歎枉把佳城看後坐武曲金前對文星案高山繞四圍大水纏三面爲何將井穿鑿喪鷄鳴斷不惟不發福而且遭禍患誤聽江湖言可嘆眞可嘆噫異矣

巽山乾向

上海廣東印書館排印

右格在奉天省城北四十里地名蒲河南山係東文學
棪棪長張儒忱君葬父母地也其龍以輝山作祖形如
唐幘秀麗端方隨從輝山中心落脉橫開水星兩層到
頭結正體太陽穴明堂平正砂水環繞九星九變第一
星辰名正體端莊斯爲美面生凸凹穴方堅砂要緊包
纏然有此包纏之緊始能收足內氣之圓若此地正值
中元甲子現交四運山水當令兼之內局外陽無不悉
合上格葬後定主子孫鼎盛世代簪纓吾固從地看出

亦從人看出也查張君之爲人不惟有學而且有品夫品之高者莫如孝弟若論先生於父母之前孝固無間於伯父之前孝更可傳溯自由湖北大冶遷居保定旋徙奉天前後計算已數十年特先生之祖父僅留二子而先生之父其次也大伯父身後乏嗣本宜承祧先生而先生乃是孤子即欲轉立同族而同族又無親丁幸皇天不生絕人之路祖宗早留善門之根陡遇原籍兄長名昌匯者官篆壽華宦遊遼東論其譜有條不紊搜

其派若綱在綱因立壽華公爲嗣以承祭祀庶可使伯
父不致成孤獨之鬼更可使堂兄終得有安樂之鄉其
孝弟爲何如也彼堯親九族舜徽五典先生有焉孟子
曰堯舜之道孝弟而已矣此其是矣先生如此辦理又
何異張公藝九世同居繩其祖武耶傳曰有德此有人
有人此有土先生殆兼而有之人何必惟求有人有土
而不求有德哉吾願世之求地者尚其修德而以先生
爲法也可予日望之

裕後油歌記

余幼好山水愛遊名區遙聞陪都係清時發祥之地總欲到此開其眼界以暢心懷幸光緒丁亥年有同鄉周志成軍門邀余出關遊投穆帥余於是附伊驥尾觀光上國矣迄于今四十餘年凡關裏關外閱歷殆徧其葬已發福者十有八九葬未發福者十惟二三本欲盡行繪圖無如美不勝收祇可將龍身完備巒頭整齊之佳

城摘錄四十四局令人觀美然猶有龍眞穴的
難以枚舉其最得意之地二十餘處雖未到手
終存於心特隨口留記以俟有眼者識之有德
者居之或可補此編之不足云其記曰
平地起獨山　不高也不尖　依然落平地　出人類
天仙
地利所　一盤棋　棋盤最端的　點穴點在棋盤裏
定產文武無了期

過河到孟津　孟津勝東京　當年諸侯來朝覲　此日葬下出聖人
八里橋　賜錦袍　如今橋下水滔滔　佳穴結在橋東岸　葬後依舊著錦袍
運河東　名道口　小小魚兒順水走　走到頭　水交流　崛起突穴又開口　那口中　五色土　葬後量金須用斗
封坵南　一把鞭　落在地　三拐彎　時師莫說鞭

奉天關東印書館印排

稍短 遊街打馬卻不難
留守營 劍出匣 若想得 必要拿 掌著劍把出
鼎甲
石山站 一柯樹 左右陰陽住 有人得此地 茅
廬來三顧
閭山起飛蛾 飛到山半坡 上也不沾頂 下也不
落窩 有人葬此地 兒孫賽諸葛
紫金山 龍一盤 來自乾 坐西南 大淩水朝人

不見　能發巨富發高官
行龍到溫察　金線繫匏瓜　莫說金線斷　原是龍
過峽　峽已過　又開花　花開結果穴不差　眞龍
如在花心坐　葬後祿食帝王家
烟筒山　起高尖　好似火裏鍊金丹　烈火能把金
丹鍊　鍊箇金丹圓又圓　那圓滿　穴天然　金丹
能置萬頃田
五蓮池　一蓮花　花在石上不沾沙　愼毋說此蓮

奉天關東印書館排印

花假　葬後立刻詔黃麻
山城鎮　一座城　驪龍吐珠難找尋　有人尋得著
葬後出公卿
鳳凰山　鳳出羣　貴人騎鳳上天門　點穴若識眞
鳳眼　定產開國大元勳
焦家岡　玉尺龍　明明往南走　誰料頭向東　四
方男女來朝拜　葬後代代受皇封
傲花山東一林笋　直幹參天皆齊整　落一層　又

一層　穴不在節穴在根　點穴能把根據認　定許
朱紫貴滿門
北來一條牛　臥在靑山頭　肥滿不開口　橫眠如
掛鈎　此是眞正牛眠處　葬在鈎裏產王侯
千山裏　上天梯　層層節節高及低　蕭何當年埋
祖地　一樣發達無休息
貨郎溝　一座樓　樓上盡石頭　左右石龍虎　夾
著夜明珠　識得珠中玉　白衣拜冕旒

奉天關東印書館排印

土彌縫　一口鐘　頭頂雲　脚踏空　上下峽河來
朝拱　葬後兒孫位三公
鐵背山　一枝笛　不挂山腰挂山麓　有人認得眞
笛孔　天下横笛任君吹土口有此穴湯都統用
打虎山前一臥虎　口不張　爪不舞　有人捉得住
官必到五府帽峰有此穴趙知事用
索龍岡　龍向陽　朝東行　轉西鄉　遼河見來不
見往　葬後黃金用斗量

釣龍灣　一釣鈎　也能放　也能收　眞穴結在收
放處　代代及第占鼇頭
薩爾滸　一口鍋　逶迤曲折落平坡　山包裹　水
包裹　更借新屯把門鎖　鎖住門　牙交錯　立產
公侯將相多
關門山　門不關　一闔一闢穴中間　中間好似陰
陽扇　安在扇面拜金鑾
懿路西　一隻鵝　從東飛來不過河　頸如線　腦

奉天關東印書館排印

如梭　端端正正落平坡　乙字水　緊包裹　葬後
及第早登科
者幾篇　打油歌　虛事甚少實事多　若把鐵鞋
去踏破　不憚跋涉看山河　衆山河　都看過
方知余言不差訛
稿成書懷七律十一首
九變巒頭盡指明迷途指破任橫行存心要把乾坤定
立志常將造化爭補救陰陽無缺陷挽回氣數有權衡

惟防註解貽人笑不怕先生怕後生
眞訣從來不易傳得傳便是浪遊仙乾坤參透象千變
富貴祇須牛一眠莫謂坵墟無福地惟期世俗有心田
淵源斯道願同喩試把青囊續簡編
閱歷山河四十春巒頭到處辨來眞漫云孔子難行道
願學楊公廣救貧早已胸中藏世界纔能目下認星辰
後生若入迷魂陣快出迷途細問津
兩大乾坤一卷經後人可以作先型天機秘密旋呈露

地勢蒼茫變出星不事王侯求鼎養惟操筆墨效盤銘
龍來眞假難欺我每遇名山便識形
萬卷堪輿總是空須將口訣繼楊公每逢大水尋源盡
若遇深山見日紅節錯心偏名杞梓枝繁派衍號梧桐
從來地理無憑據者部書成奪化工
大地山河任我遊巒頭熟記在心頭脉剛就息須開口
氣緩乘胎宜鬪毬參透陰陽知進退看穿起落識沉浮
此書業已彰明著好作迷津救苦舟

舉世皆求蔭子孫子孫欲蔭卻忘根山中有地埋坵塚
泉下無人識墓門北塞心傳成黑暗南針指點破黃昏
巒頭書即當頭棒擊醒迷魂渡死魂
尋山踏破白雲封認得山中有正龍峽過三關神氣壯
帳開七頂秀靈鍾照貓畫虎無難事索驥按圖不離宗
髣髴探明星宿海乘槎筆記路重重
心同覆載本無私地理書成語衆知未有權衡安社稷
惟宣河洛布仁慈寫經已繕文千字救世全憑筆一枝

奉天關東印書館排印

美玉深藏原待價今逢善價我沽之
江湖浪跡已多年到處逢人廣結緣不過託名為相地
原來行術要回天推排日月三才會扭轉乾坤一線牽
山水効靈忠孝產無形治化勝威權
掃淨奢心妄念頭得休休處且休休榮華淡似花間露
富貴輕於水上漚茅屋三椽忘歲月布衣一領傲王侯
如今看破紅塵苦存姓改名何所求
鑾頭指迷兌部終　玄空追宗出版天星摘要待梓

巒頭指迷全四冊
定價銀大洋肆圓

占筮類			
1	擲地金聲搜精秘訣	心一堂編	沈氏研易樓藏稀見易占秘鈔本
2	卜易拆字秘傳百日通	心一堂編	
3	易占陽宅六十四卦秘斷	心一堂編	火珠林占陽宅風水秘鈔本
星命類			
4	斗數宣微	【民國】王裁珊	民初最重要斗數著述之一；未刪改本
5	斗數觀測錄	【民國】王裁珊	失傳民初斗數重要著作
6	《地星會源》《斗數綱要》合刊	心一堂編	失傳的第三種飛星斗數
7	《斗數秘鈔》《紫微斗數之捷徑》合刊	心一堂編	珍稀「紫微斗數」舊鈔秘本
8	斗數演例	心一堂編	
9	紫微斗數全書（清初刻原本）	題【宋】陳希夷	斗數全書本來面目；有別於錯誤極多的坊本
10－12	鐵板神數（清刻足本）——附秘鈔密碼表	題【宋】邵雍	無錯漏原版秘鈔密碼表　首次公開！
13－15	蠢子數纏度	題【宋】邵雍	蠢子數連密碼表打破數百年秘傳　首次公開！
16－19	皇極數	題【宋】邵雍	清鈔孤本附起例及完整密碼表研究神數必讀！
20－21	邵夫子先天神數	題【宋】邵雍	附手鈔密碼表研究神數必讀！
22	八刻分經定數（密碼表）	題【宋】邵雍	皇極數另一版本；附手鈔密碼表
23	新命理探原	【民國】袁樹珊	子平命理必讀教科書！
24－25	袁氏命譜	【民國】袁樹珊	
26	韋氏命學講義	【民國】韋千里	民初二大命理家南袁北韋
27	千里命稿	【民國】韋千里	
28	精選命理約言	【民國】韋千里	北韋之命理經典
29	滴天髓闡微——附李雨田命理初學捷徑	【民國】袁樹珊、李雨田	命理經典未刪改足本
30	段氏白話命學綱要	【民國】段方	民初命理經典最淺白易懂
31	命理用神精華	【民國】王心田	學命理者之寶鏡

32	命學探驪集	【民國】張巢雲	
33	澹園命談	【民國】高澹園	發前人所未發 稀見民初子平命理著作
34	算命一讀通——鴻福齊天	【民國】不空居士、覺先居士合纂	
35	子平玄理	【民國】施惕君	
36	星命風水秘傳百日通	心一堂編	
37	命理大四字金前定	題【晉】鬼谷子王詡	源自元代算命術
38	命理斷語義理源深	心一堂編	稀見清代批命斷語及活套
39－40	文武星案	【明】陸位	失傳四百年《張果星宗》姊妹篇 千多星盤命例　研究命學必備
相術類			
41	新相人學講義	【民國】楊叔和	失傳民初白話文相術書
42	手相學淺說	【民國】黃龍	民初中西結合手相學經典
43	大清相法	心一堂編	重現失傳經典相書
44	相法易知	心一堂編	
45	相法秘傳百日通	心一堂編	
堪輿類			
46	靈城精義箋	【清】沈竹礽	沈氏玄空遺珍 玄空風水必讀
47	地理辨正抉要	【清】沈竹礽	
48	《玄空古義四種通釋》《地理疑義答問》合刊	沈瓞民	
49	《沈氏玄空吹虀室雜存》《玄空捷訣》合刊	【民國】申聽禪	
50	漢鏡齋堪輿小識	【民國】查國珍、沈瓞民	
51	堪輿一覽	【清】孫竹田	失傳已久的無常派玄空經典
52	章仲山挨星秘訣（修定版）	【清】章仲山	章仲山無常派玄空珍秘 門內秘本首次公開 沈竹礽等大師尋覓一生末得之珍本！
53	臨穴指南	【清】章仲山	
54	章仲山宅案附無常派玄空秘要	心一堂編	
55	地理辨正補	【清】朱小鶴	玄空六派蘇州派代表作
56	陽宅覺元氏新書	【清】元祝垚	簡易・有效・神驗之玄空陽宅法
57	地學鐵骨秘　附　吳師青藏命理大易數	【民國】吳師青	釋玄空廣東派地學之秘
58－61	四秘全書十二種（清刻原本）	【清】尹一勺	玄空湘楚派經典本來面目 有別於錯誤極多的坊本

62	地理辨正補註　附　元空秘旨　天元五歌　玄空精髓　心法秘訣等數種合刊	【民國】胡仲言	貫通易理、巒頭、三元、三合、天星、中醫
63	地理辨正自解	【清】李思白	公開玄空家「分率尺、工部尺、量天尺」之秘
64	許氏地理辨正釋義	【民國】許錦灝	民國易學名家黃元炳力薦
65	地理辨正天玉經內傳要訣圖解	【清】程懷榮	秘訣一語道破，圖文并茂
66	謝氏地理書	【民國】謝復	玄空體用兼備、深入淺出
67	論山水元運易理斷驗、三元氣運說附紫白訣等五種合刊	【宋】吳景鸞等	失傳古本《玄空秘旨》《紫白訣》
68	星卦奧義圖訣	【清】施安仁	三元玄空門內秘笈　清鈔孤本 過去均為必須守秘不能公開秘密 與今天流行飛星法不同
69	三元地學秘傳	【清】何文源	
70	三元玄空挨星四十八局圖說	心一堂編	
71	三元挨星秘訣仙傳	心一堂編	
72	三元地理正傳	心一堂編	
73	三元天心正運	心一堂編	
74	元空紫白陽宅秘旨	心一堂編	
75	玄空挨星秘圖　附　堪輿指迷	心一堂編	
76	姚氏地理辨正圖說　附　地理九星并挨星真訣全圖　秘傳河圖精義等數種合刊	【清】姚文田等	蓮池心法　玄空六法 門內秘鈔本首次公開
77	元空法鑑批點本——附　法鑑口授訣要、秘傳玄空三鑑奧義匯鈔　合刊	【清】曾懷玉等	
78	元空法鑑心法	【清】曾懷玉等	
79	曾懷玉增批蔣徒傳天玉經補註【新修訂版原（彩）色本】	【清】項木林、曾懷玉	
80	地理學新義	【民國】俞仁宇撰	揭開連城派風水之秘
81	地理辨正揭隱（足本）　附連城派秘鈔口訣	【民國】王邈達	
82	趙連城傳地理秘訣附雪庵和尚字字金	【明】趙連城	
83	趙連城秘傳楊公地理真訣	【明】趙連城	
84	地理法門全書	仗溪子、芝罘子	巒頭風水，內容簡核、深入淺出
85	地理方外別傳	【清】熙齋上人	巒頭形勢、「望氣」「鑑神」
86	地理輯要	【清】余鵬	集地理經典之精要
87	地理秘珍	【清】錫九氏	巒頭、三合天星，圖文並茂
88	《羅經舉要》附《附三合天機秘訣》	【清】賈長吉	清鈔孤本羅經、三合訣法圖解
89－90	嚴陵張九儀增釋地理琢玉斧巒	【清】張九儀	清初三合風水名家張九儀經典清刻原本！

91	地學形勢摘要	心一堂編	形家秘鈔珍本
92	《平洋地理入門》《巒頭圖解》合刊	【清】盧崇台	平洋水法、形家秘本
93	《鑒水極玄經》《秘授水法》合刊	【唐】司馬頭陀、【清】鮑湘襟	千古之秘，不可妄傳匪人
94	平洋地理闡秘	心一堂編	雲間三元平洋形法秘鈔珍本
95	地經圖說	【清】余九皋	形勢理氣、精繪圖文
96	司馬頭陀地鉗	【唐】司馬頭陀	流傳極稀《地鉗》
97	欽天監地理醒世切要辨論	【清】欽天監	公開清代皇室御用風水真本
三式類			
98－99	大六壬尋源二種	【清】張純照	六壬入門、占課指南
100	六壬教科六壬鑰	【民國】蔣問天	由淺入深，首尾悉備
101	壬課總訣	心一堂編	過去術家不外傳的珍稀六壬術秘鈔本
102	六壬秘斷	心一堂編	
103	大六壬類闡	心一堂編	
104	六壬秘笈——韋千里占卜講義	【民國】韋千里	六壬入門必備
105	壬學述古	【民國】曹仁麟	依法占之，「無不神驗」
106	奇門揭要	心一堂編	集「法奇門」、「術奇門」精要
107	奇門行軍要略	【清】劉文瀾	條理清晰、簡明易用
108	奇門大宗直旨	劉毗	天下孤本　首次公開 虛白盧藏本《秘藏遁甲天機》 奇門不傳之秘　應驗如神
109	奇門三奇干支神應	馮繼明	
110	奇門仙機	題【漢】張子房	
111	奇門心法秘纂	題【漢】韓信（淮陰侯）	
112	奇門廬中闡秘	題【三國】諸葛武侯註	
選擇類			
113－114	儀度六壬選日要訣	【清】張九儀	清初三合風水名家張九儀擇日秘傳
115	天元選擇辨正	【清】一園主人	釋蔣大鴻天元選擇法
其他類			
116	述卜筮星相學	【民國】袁樹珊	民初二大命理家南袁北韋 南袁之術數經典
117－120	中國歷代卜人傳	【民國】袁樹珊	